AQUARIUS

AQUARIUS

Vision

一些人物，
一些視野，
一些觀點，
與一個全新的遠景！

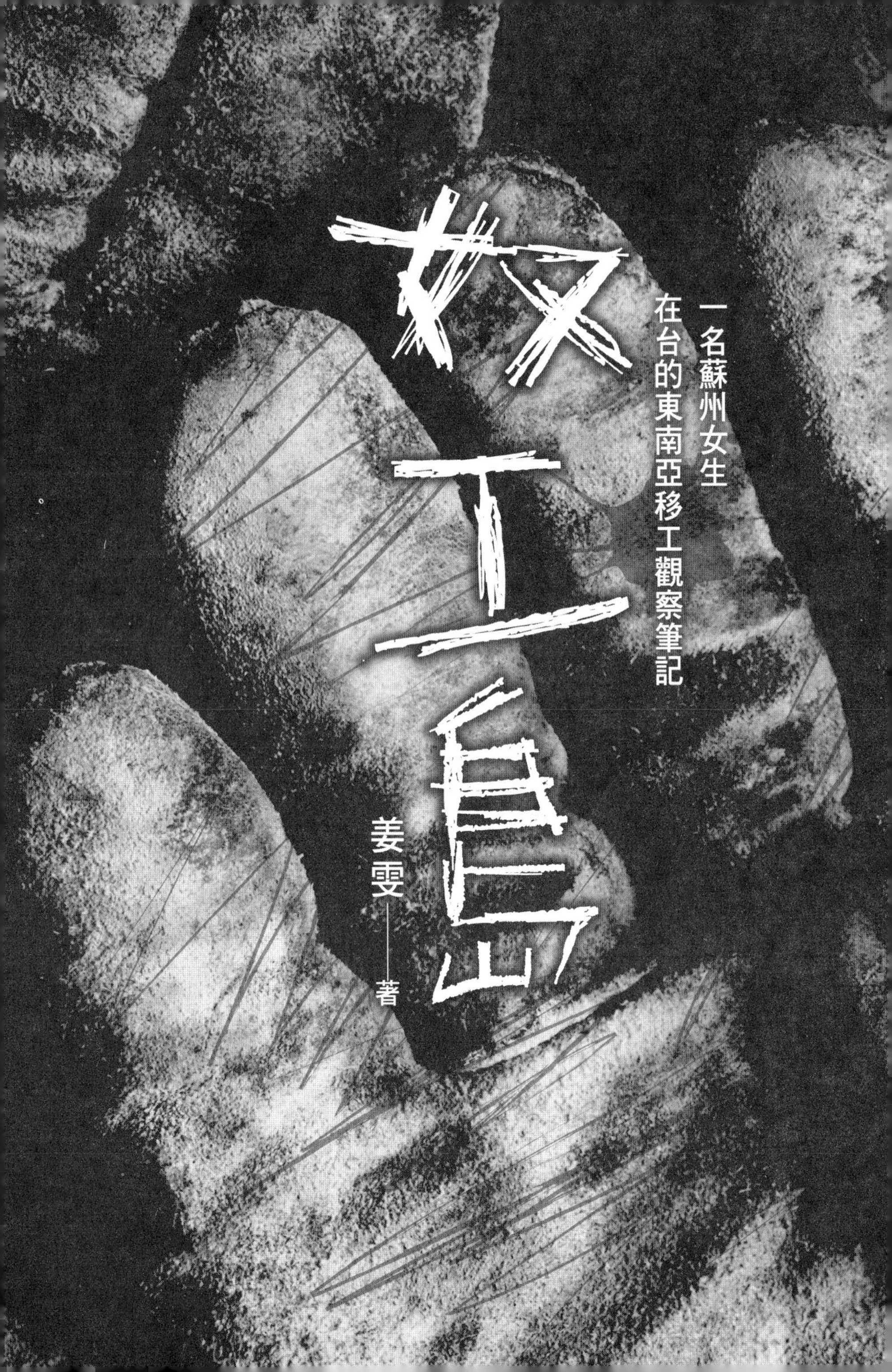
奴工島
一名蘇州女生在台的東南亞移工觀察筆記
姜雯——著

推薦序一——

照照鏡子，台灣最醜的風景也是人

◎郭力昕（政治大學廣電系教授）

二〇一八年七月上旬的一個下午，我走進姜雯的口試教室，準備進行她在政大傳播學院碩士畢業製作的最後口試，我是她的指導老師。她的兩位口試委員已經提早到場坐定。姜雯簡述了她的作品《囝圄城——東南亞在台移工報導文學書寫》之後，校內口委柯裕棻老師先發言：「這份作品寫得太好了，我沒有任何問題要問。」說完了！

我沒有預期會聽到這樣意見的心理準備，在我參與的學生口試經驗裡，還沒有碰過口委對一個作品是如此滿意、欣賞，以至於認為還要硬找問題並無必要，而裕棻對學術研究與文字寫作一向是標準嚴格的老師。稍感不知所措之際，我也瞄了一眼姜雯。她顯然力圖鎮定，但我知道她內心會是多麼激動。柯裕棻是她在文學寫作上仰之彌高的女神，因為太過崇拜，竟不敢請她指導這篇作品，退而跑來找我這三腳貓。

坐在教室裡，時間倒帶快轉回到兩年前的夏天，曾在碩一時選修過我一門小課的姜雯，來敲我研究室的門，希望我指導她的這項寫作計畫。我推薦了她兩位院內遠比我合適指導此計畫的老師，她基於不同的理由，不太敢拜託他們。我看過她先提供的幾篇描述荷蘭唸書時生活經驗的短篇小說，文筆與敘事能力極好，感染力強；我當然沒有能力指導姜雯的文學寫作本身，最多幫著提醒一下，避免過度經營文學表達而凌駕了現實。

對於以文字或影像等藝術形式描述現實、尤其是再現外籍移工等弱勢族群時，我會比較在意敘事者的口吻或觀點，是否無意間剝削了其所再現的對象或題材。姜雯一介陸生，在台無親無故，她要寫東南亞移工的題目，田野工作需要特定的管道與協助才容易進入，我建議她先去認識「台灣國際勞工協會」（ＴＩＷＡ）的朋友。ＴＩＷＡ的創辦人、我敬重的多年好友陳素香，後來成為她這份作品的校外口委。姜雯很幸運，我因此也不需要擔心她的書寫觀點和文字拿捏了。

一位蘇州青年，為何關心台灣外籍移工的處境？姜雯跟我描述了一點她在荷蘭唸書、餐館打工時經歷過的被歐洲人歧視的經歷，也淡淡地提了作為陸生在台灣受到的異樣眼光，與台灣政府政策性歧視陸生的諸多法規。她對東南亞移工為改善家人經濟而來異地打工所受到的歧視對待與漂泊無助，感同身受，覺得自己也是他們的一分子。

在很長時間的田野接觸、與書寫對象建立關係、大量的訪談、探監等等工作中，姜雯通過這些成為兄弟姊妹的移工朋友，以及協助她進入各種移工現場的ＴＩＷＡ的朋友，不僅慢慢地深入了在台移工的複雜現實情境，也慢慢變化著她自己的思想、感情與生命狀態。姜雯是位聰明伶俐、擁有文字才華的青年，在移工朋友與ＴＩＷＡ團隊從志工生活上近兩年裡帶給她的學習、成長和變化，是姜雯在台灣的豐收，也是台灣能給予姜雯最美好的禮物。

現在這份書寫，以《奴工島》在寶瓶文化出版，這是姜雯回饋台灣的禮物。在這些動人、椎心、不忍卒讀的故事裡，姜雯克制著她的筆，平實地、感情深厚地讓這些被奴役、被摧殘的移工人物的不堪處境，躍然紙上。能跟隨在藍佩嘉、顧玉玲、張正等她特別敬重的前輩作家之後，出版關於移工的書寫，姜雯的欣喜可想而知。

我則心情複雜：一方面對於姜雯的畢製作品能出版感到與有榮焉，替她驕傲；另一方面，《奴工島》作為一面新的照妖鏡，再度赤裸的映照出，我們今日竟仍然容許推薦序二——

託付與回禮

◎陳素香（台灣國際勞工協會理事長）

台灣自一九九二年開始引進東南亞移工後，至今已經二十幾年，累計來台的移工人次已超過五百萬人，目前停留在台灣的人數也接近七十萬人。不論從時間軸或是空間（全台各角落）以及數量來看，東南亞外籍移工都已經是台灣社會不陌生的存在，但是他／她們的存在，究竟帶給人們什麼樣的生活經驗呢？人們又怎麼理解這些飄洋過海到異鄉討生活的外籍移工呢？

本書作者姜雯的書寫是個非常有意思的位置和角度。姜雯是中國改革開放後出生，成長於經濟高速增長的年代，在某種全球化價值的驅動和機會下，高中畢業後前往荷蘭讀大學，畢業後也在荷蘭短暫工作過。留學生拮据、無依的生活經驗及華人在白人社會的階序差異，讓她體會了離散者的飄零心境，而帶著這樣的離散者經驗，使她來到台灣就讀研究所後，目光自然而然地關注充斥台灣各個角落的東南亞移工。

作為一個陸生，她在台灣社會的角色與位置也是尷尬的。政治上，兩岸關係帶來的某些排斥和緊張，時時提醒她的身分終究不是台灣社會的一分子，但是同文同種的相似性，又讓她如魚得水地優游於台灣的生活環境，並擁有良好的人際關係與情感交流。因此她在關注在台的東南亞移工時，擁有一個獨特的視角，又裡又外，既能抽身俯瞰，又能近身同感。

二〇一六年十月，姜雯在指導教授郭力昕的引介下，進入台灣國際勞工協會（TIWA）實習，她先在庇護中心當中文老師，慢慢與移工發展關係，她的個性熱情奔放，且與移工年齡相近，很快地獲得移工們的喜愛和信任。但是她進入TIWA的田野，畢竟是帶著論文書寫的目的性，因此有關研究倫理，研究者與被研究者（書寫者與被書寫者）的權力關係，取與給如何公平，這是幾乎無條件對她開放田野的TIWA十分在意的事情。這也是我們觀察每個以協助弱勢者之名，前來研究、訪問、要求協助的學者、學生、文化人等等，可以稱之為嚴苛的審核過程。

姜雯當然也被放在這個嚴苛的審核標準下，被觀察了一陣子：「她這麼積極地接近他／她們，一直問他／她們的故事，會不會太目的性了？」這個問題在初期確實頗讓人疑慮。但是姜雯以她的行動力和情感投入，化解了這些疑慮。她協助庇護中心遭受職災又意外懷孕、生產，卻又情感生變的印尼勞工莘蒂，雖然語言不通，但總是陪伴著她。她參與關懷移工受刑人的計畫，為他們募集印尼書籍，定期到監獄探視他們。不善煮食的她，在前往探視的日子，還特地下廚，為受刑移工準備家鄉口味的印尼食物。

她在ＴＩＷＡ辦公室有一張臨時、簡陋的小桌子權充辦公桌，她經常在那張辦公桌上手寫大量的書信，分寄給不同的受刑人，而她的付出也得到受刑人熱情的回應，每週辦公室總會收到好幾封從台北監獄寄給她的信件。無人知曉這些看似簡單的探視與書信，對身陷異鄉囹圄的的受刑人具有什麼意義。一個陌生人隔著鐵窗探視另一個陌生人，當四目對望，話筒裡傳來問候聲時，是什麼在鐵窗內、外的兩人心中流動著？

我看到姜雯與這些受刑人的牽絆日深，受刑人期待她的探視，而這些期待也形成她難以割捨的情感，她成為關懷移工受刑人的主力成員，直到現在，她已完成學業，返回中國大陸，但仍與受刑人維持通信。

她書中書寫的每一個人，都是我們關懷的個案當事人或與當事人相關的人，若非情感真切地存在，難以筆若有情。我閱讀姜雯書寫的初稿時，幾次動容落淚。我想這些人、這些故事必然觸動了她什麼，因而產生了情感與生命的共鳴。

看著姜雯從來到ＴＩＷＡ實習，到本書文稿的完成與出版，有三點感想與作者及讀者們分享：

一，所有文化行動或生產，都應該直面該文化行動或生產所涉及對象的現實處境，不能迴避剝削與壓迫的問題，且必須朝向改變現實中存在的壓迫結構。這些年來，政府推動南向政策，東南亞文化展演因而形成一個熱潮，但是在推動所謂多元文化、認識東南亞文化歷史之際，若是無視將近七十萬名的東南亞移工在台灣所面臨的，政策上的壓迫與困境，這樣的文化行動或展演，只是成就台灣社會或文化人「自我感覺良好」的虛假進步性。

二，永遠不要忘記你書寫的人。她／他們將生命故事交付於你，是何等莊重的信任與託付，即便此生難再相見，但時時記取他們的託付及自己書寫的初衷，這是文化人／書寫者對彼等託付的回禮。

三，人與人的關係和情感聯繫，超越政治、國族、種族等人為設下的籓籬。姜雯是中國大陸學生，來台灣就學，關注在台灣的東南亞勞工，這些跨越政治、國族、種族的人的交流與情感聯繫，或許可以提供一個樂觀夢想的可能，對困於政治與國族糾葛的台灣，有一點啟發作用。

聯合好評——

看見真相，是人權之路的第一步

如果讀者平日就關注在台灣的移工和遠洋漁工的處境，那麼從序曲的魔幻到正文的寫實裡，許許多多的片斷情節，都會讓人似曾相識，卻又驚駭莫名。

或許有批評認為，這類書寫裡對「移工＝純真、善良、受害者」、「雇主＝算計、刻薄、加害人」的區分太刻板、太標籤。但當前的台灣，法規傾斜本地雇主、仲介的情況仍然嚴重，執法者「為移工維權」的意識也顯得淡漠。在這樣的情況下，這部從移工視角書寫的作品仍然有值得推薦的價值。

——李志德（資深新聞工作者）

這本書記錄著台灣最深沉的歧視以及偏見。在這個台灣自詡為亞洲人權燈塔而驕傲的時代，這本書有台灣人不願面對的種族歧視、人權恥辱以及虐勞真相。每一篇章節，都揭穿台灣社會中虛假的面貌，每翻一頁，我都深深地感到羞慚。因為這證實了奴隸制度只是改了一個名字，更精巧、更系統、更不自覺且理所當然地存在於台灣。

——林立青（作家）

許多台灣人稱台灣是「鬼島」，的確是。台灣有很多像書中提到的王女士那種欺凌弱勢者的傢伙，讓我們不止一次對人性失望。幸虧，台灣也有像ＴＩＷＡ和作者姜雯這樣願意與弱勢者站在一起的力量。因為這樣溫柔而堅定的力量，讓我們對台灣保有希望。

——張正（燦爛時光東南亞主題書店負責人）

這是一本血淚斑斑的報導文學書，閱讀的過程有些傷心又有些磨人，並不是因為書中每位東南亞移工主角的遭遇而已，因為這樣的故事，我在拍紀錄片的歷程中已耳聞不少，但透過作者敏銳細緻的見證式書寫手法，我更清楚地領會這些飄洋過海來到台灣淘金的移工心境，也更確信這一切的苦難可能不會終止。

除非不文明的階級壓迫與種族歧視能在這個自詡人權至上的國家消失，除非這個移民之島的華人後裔們，真正體會到來自東南亞的移工和自己的移民工祖先並沒什麼不同——當你任意踐踏外來移民工的基本權益時，你就是在踐踏自己的祖先顏面，與身而為人的尊嚴。

——蔡崇隆（紀錄片導演）

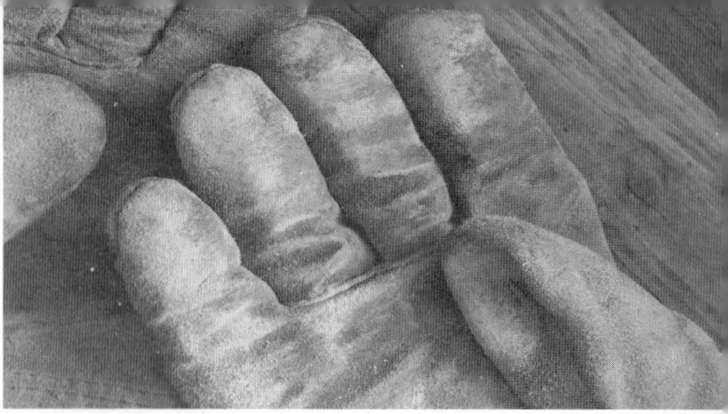

目錄

【註】為保護當事人，本書所寫之事件、人物多經化名處理。移工人口之相關數據為截至二〇一八年八月之官方統計資料。

序曲——

魔幻觀音山

夜裡的觀音山四下無人，只有滿山滿谷的墳墓。風吹動竹海，嘩啦啦，發出此起彼伏的浪濤聲。風停過後，剩下一片寂靜，靜得彷彿嬰胎還在母體內沉睡。

竹林裡遠遠傳來的狗吠聲打破了這片寂靜，仔細聽，還有女人的爭執和哀求聲。阿泰覺得很無奈，他在這座城市遊蕩了將近二十幾年，至今都還未找到一個安靜到可以長眠的住所。

阿泰相信，人都是需要安定下來的。從他鄉漂浪至此地，最終也還是為了安定。想給家裡攢點積蓄，為越南的房子鋪上磚瓦，買一頭水牛耕種，然後抽著菸，看雨水從屋頂滴答滴啦落進莊稼地。就是為了這樣安定平凡的生活，所以此前遠赴他鄉拚搏，辛苦個幾年，一切都值得，都還有時間，還有氣力。

可有一天，他不小心死了。被警察開槍打死，據說是偷車、拒捕和襲警，阿泰不記得自己做過這些。他中槍時上身赤裸，身中九槍，十七個彈孔，救護車來的時候他還意識清醒，卻眼見車子載走因阿泰自我防衛，而被他打斷鼻梁的民防。十幾分鐘後，他在第二輛救護車上死去，死時戴著手銬，說了一段車上無人知曉的越南話。

阿泰上了一陣子新聞，引發了一波社會輿論，但政府至今不願公開現場錄影，雖允諾調查此事，可後來也不了了之，留下諸多疑問。這個外籍勞工逃跑的原因是什麼？他真的是在偷一輛顯然已被廢棄的車子嗎？警察開槍的依據為何？當時他到底有多大的危險性，以致警察要對他連開九槍？救護車為何不先救治生命垂危的阿泰？這只是個案，還是整個結構體制的問題？

死了就死了，不過死了個逃逸外勞，每年還是有大量廉價勞動力湧入台灣。

至今台灣已有近七十萬名外籍勞工，他們滲透在台灣的大小工地、各類工廠、漁場，乃至家庭，撐起台灣的中小企業，彌補長照資源的匱乏。他們要支付台幣高達八到十五萬的仲介費來台，以換取一份薪資微薄的工作。他們像阿泰一樣，冀望著犧牲幾年青春時光，用漂浪換取安定。

阿泰自己也覺得死得糊裡糊塗，不知觸犯了哪條死罪，原來台灣的法律如此嚴苛，只要烙上「逃逸外勞」的罪名，就死不足惜，罪無可赦到要用性命來償還。此前的生命記憶被全部抹除，他變成一個符號，象徵一種原罪。

再也回不去了。哪怕父親千里迢迢來台灣領取他的骨灰，特別穿上曾經的軍裝，別上證明打過越戰的榮譽勛章。只是為了挽回一點點尊嚴吧，這從來不是一個不光彩的家族。阿泰去機場接父親，看他在陌生的語言中迷路，拖著一個裝水果的紙箱，這是父親的「行李箱」。

回不去了，阿泰只能默默跟在父親身後，陰陽兩隔。

●

自殺的人無法離開原地，枉死的人無法離開那座城市，在真相大白以前，阿泰就像被囚禁在沒有鐵門的牢籠裡。他一路走，一路尋，希望至少找個地方安定下來。他已經二十幾年沒有好好睡過覺了，因為靈魂需要非常安靜的地方才能睡著，任何風吹草動都會把他們驚醒。

有時他和遊民一起睡在萬華公園，卻不時遭到警察驅趕；有時他會去台北車站小憩，卻常聽別人竊語「外勞亂象」；有時他也會偷偷溜進外籍看護的家，希望借他們的床打個瞌睡，卻不料老人夜晚的咳嗽聲，讓他以為警察的槍又指著他的胸口，他還來不及解釋，就從槍聲中驚醒。

後來他就決定不睡了，每天在城市遊蕩，偶爾會遇到其他枉死的逃逸外勞，他們有人是在被警察追捕時從樓上摔下而死，此後連一小階樓梯都不敢爬，只能在平地行走；有的是出了車禍，無人領屍，所以在遇見的每一棵樹下刨土挖洞。也有像阿泰一樣中槍而死的，連聽到馬路的車鳴聲都會嗚嗚哭泣，於是索性拿泥土把耳朵堵住。他們和阿泰一樣，無法離開這座囹圄般的城市，日復一日尋覓和等待。沒有刑期，也便沒了盼望。

阿泰聽說觀音山有很多墳墓，幸運的話，興許會遇上一座空墳，就能在裡面安安靜靜睡上一覺。阿泰不吃不喝走了四個禮拜，來到五股觀音山，又花了七天七夜才找到一座空墳。途中偶遇許多華麗的墓園，好漂亮啊，但是阿泰連成為有錢人的想像力都沒有，他生前唯一的幻想，只是攢夠蓋房子和買牛的錢，然後娶個勤勞的姑娘，過上安定的生活。

阿泰在空墳裡躺下，雙手交叉放在胸口，三月山間的晚風有一點涼，但靈魂的疲憊比風更涼。他緩緩闔上雙眼。剛要進入夢鄉，卻聽見女人的聲音，一個像蚊子叫，嗡嗡嗡，一個如獅吼，咄咄逼人，她們的聲音伴隨著狗吠朝深處沒去。這麼晚了還有人來墓園，是多孝順的人哪，阿泰想。只是兩人講話的方式實在奇怪，反正也睡不著了，阿泰決定前去探一探。

經過一大片雜草和泥地，阿泰面前出現一座工寮，淺綠色的鐵皮屋，上下兩層。大概有四塊手帕大小的窗戶被鐵欄封住，阿泰試圖從門縫往裡看，門上了鎖，鏽跡斑斑。工寮的旁邊有一棵歪脖子樹，用粗鐵鏈拴著條黑狗，狗屋設置於垃圾堆旁，有廢棄的木椅、寶特瓶、輪胎、麻袋等零零落落的東西。黑狗看到阿泰，吠了幾聲，就回去狗屋趴著。狗屋另一邊的水槽漂著落葉和蚊子卵，飯碗裡是幾根飛著蒼蠅的爛玉米。

工寮入口處停著輛黑色轎車，繞過汽車，是一條由人走出來的黃土路，往裡走一點就能看到整個工寮的全貌。工寮背面裝了台鏽掉大半的白色熱水器，顯然，這裡是有人住過的。但從窗戶往裡看，又看不出人住的痕跡，漆黑的工寮內似乎只有滿地的雜亂貨品，工寮後更是堆滿了各種看不出原形的垃圾。

沿著黃土路一直往裡走，走過雜亂的竹林，視野就變得開闊了。眼前出現好幾座整潔氣派的墓園，雖然比不上之前看過的其他華麗的墓園，但相比無處可去的自己，這墓園對阿泰來說已然是豪宅了。每座墓園相隔不遠，都用水泥和瓷磚圍出一大塊圓形的地，在圓坡的最高處則安放墓碑，刻著燙金的字，擺著已經枯萎的鮮花或水果。剛才聽見她們聲音的那兩個女人，就在其中一座墓園旁。

一個身材壯碩、膀大腰圓的女人氣勢如虹，揪著旁邊只有一百五十公分的印尼勞工，嘴裡咕噥著什麼，讓勞工在墓碑前雙手合十和「阿公」道歉。勞工和「阿公」道完歉，又被領到另一座墓園，要求她繼續道歉，勞工就在墓園前連聲說著對不起。夜愈黑，墳墓的氣息就愈濃重，她也愈是害怕。然而壯女人並沒有要帶她離開的意思，仍舊不依不饒，讓勞工繼續在墓園罰站，自己則離開了。

勞工害怕極了，站在原地一動也不敢動，周圍靜得她心裡發慌，只有竹子的聲音，嘩啦啦，彷彿隨時會從中蹦出個什麼似的。也的確蹦出了什麼，那是阿泰，在一邊看著，只是勞工看不見他。

這世界啊，荒唐事像漫天的繁星，數都數不清。

也不知這勞工犯了多大的錯，要被拎到荒郊野嶺來墳頭道歉。不過他自己的死也已經夠荒唐了，是犯了多大的錯要以命相抵？不過是來這裡討生活罷了。

約莫十幾分鐘後，壯女人回來了。她看到印尼勞工沒有雙手合十，而是兩手垂了下來，又是一陣怒火中燒，拉開大嗓門指著她的鼻子問道：「你為什麼沒有道歉？」

勞工說：「我有道歉，天黑了，我不要再待在這裡了。」

壯女人沒想到這個工人竟然頂嘴，實在是欠教訓，轉身就從林子裡折了支無名指粗細的竹條，直往勞工大腿上抽。勞工不敢躲，任由她打。打完後，壯女人讓勞工繼續在這裡道歉，說等一下再來接她，便再一次離開了。

半個小時過去，壯女人仍沒回來，勞工不僅害怕，而且又冷又餓。三月山裡的晚上，身上只穿了一件薄T恤。原本有件外套的，在醫院照顧阿嬤時，向隔壁房的勞工借的。當天下午三點多壯女人來到醫院，叫她收拾東西，說雇主不要她了，讓她打包走人。她跑去隔壁房還了外套，壯女人以為她要逃跑，一把掐住她的後頸就把她揪著塞上車，一路便到了這裡。到這以後，先是去了工寮一樓，壯女人拿出份文件要她簽，她想讀，女人不讓。勞工沒法子，眼見工寮內滿是灰塵和雜物，四下除了隻黑狗看不著半個人影，只好簽下自己看不懂的文件。

家庭看護的悲劇阿泰看太多，每次去「借宿」的時候，總能看到幾場人間奇景。在外頭人模人樣的雇主，到了家裡，就原形畢露。阿泰是鬼，尚且有個人樣，但這世界上，披著人皮的惡鬼實在是太多。可他自己已經是鬼，還是個冤死鬼，除了嘆息一聲，什麼也幫不上。

正嘆息著，阿泰隱約聽到遠處的汽車引擎聲。勞工應該也聽到了，急急忙忙穿過林子走回工寮。果然，壯女人正啟動車子準備離開。勞工趕緊拉開車門，坐進車裡，壯女人喝斥，讓她下車，推她進工寮。壯女人要勞工住在工寮裡，等找到新雇主再來接她。

這要怎麼住？

壯女人上車發動車子，勞工狂追開始移動的車，像拉著救命稻草一樣扳住車門，不管壯女人怎麼罵也不肯鬆手。壯女人氣壞了，但沒再把她趕下車。

車子顛簸著開下山去，直到完全消失在阿泰的視線裡。風從阿泰身上的彈孔穿過去，他覺得有點冷。

阿泰再次沉入墳墓。而真正的魔幻世界，才剛要展開。

庇護之家

壯女人本姓王，印尼勞工叫芳婷。離開墓園後，芳婷被王女士帶回山下自己家裡，命令她在門外罰站。兩小時後，芳婷又冷又餓，又不知何去何從，只好哆嗦著敲了王女士家的門。

進屋後，王指著牆邊一張椅子說，你坐那裡。芳婷的屁股還沒挨到椅子邊，王女士就走過來毆打她的頭，還壓著她的脖子向前推，芳婷踉蹌著撞到桌角。此時王女士有朋友來訪，她便把芳婷關進廚房，等客人走後，又回到廚房狠狠甩了芳婷一巴掌。這巴掌打在後腦和脖子上，打得芳婷天旋地轉。

芳婷怕被打死，偷偷打了一九五五申訴，並和王女士表示自己想去桃園。兩人沉默許久，王女士最後騎著摩托車，將她載到三重客運五股站。

「你下來，在這邊。」王說。

「不是要去桃園嗎？」芳婷問。

「這裡有車去桃園。」芳婷下車後，王隨即離開。

晚上十點，語言不通，人生地不熟，行李也還在王女士車上，芳婷在冷風裡不知所措。路人覺得奇怪，幫她找來警察，警察給了她麵包，並聯絡安置。最終，在晚上十一點多，芳婷搭著計程車來到ＴＩＷＡ（台灣國際勞工協會）的庇護所。

漫長而驚心動魄的一天，芳婷此生難忘。

七天後，芳婷和她的個案負責人Susan以及通譯人員麗麗，來到台北市勞工局勞動力重建處開協調會。一進會議室，王便嚷了開來：「你們知道我今天為什麼穿黑色嗎？因為這個工人把阿嬤照顧死了，我等一下還要去參加喪禮！」她一屁股壓在椅子上，還不忘瞪了眼芳婷，說自己今天的身分是「雇主兼仲介」。

芳婷對著Susan和麗麗直搖頭，用印尼話表示阿嬤並沒有死。

蹊蹺的事還不只這些。王女士在協調會上把芳婷數落一番，並全數否認自己曾有施暴行為。由於被打當天芳婷沒去驗傷，家庭這個封閉場域又很難舉證，因此Susan為了蒐集芳婷被打的證據，私下用手機錄下會議現場的談話。這是十幾年與官僚體制、私人仲介斡旋和對抗而練就的攻防本領，不算光彩，卻不失為以暴制暴的方法。處處都要謹小慎微，不論面對的是官方還是私人，因為一不小心，失掉的，就是一名勞工本該有的權益，小到被剋扣的各類費用，大到這個工人的工作權。

協調會是個殘酷的現場，平日裡表面的和風細雨，到這裡就是兩方的短兵相接。資方和勞方永遠站在不對等的天平上，資方用槍，勞方以遁。一開火，就是人世間血淋淋的戰場，用盡盤算和唇舌之毒，就這麼赤裸裸攤開於光天化日之下。

王女士哀嘆阿嬤的過世，辱罵工人的笨拙，對錢財一分一釐地計較。Susan見招拆招，以法律條款回迎。芳婷則靜靜聽著坐著，口不能言，儘管她是這場戰役的主角。

數小時的激辯後，協調會將近尾聲，雙方以沉默回應沉默。不料此時Susan誤按手機按鍵，偷錄的對話打破會議室的寂靜。王當下暴跳如雷，說錄音要經過會議同意才可以。要求刪除未果，她隨即動手搶奪Susan的手機、筆記本和背包。爭奪之際，王突然掌摑Susan，扯住她的頭髮將她拖下椅子，Susan摔倒在地上，王便開始拳腳相向，全然不顧旁人嚇阻。

王如此囂張地在公家單位對工作人員施暴，如此目無法紀，如此無法無天。在勞工局如此，對工作人員如此，又何況是在家裡面對一個無處申訴的外籍勞工？

事發當天晚上，王女士得意洋洋地在臉書上炫耀打人經過。「老娘的手，比法律來得有用，先把她的嘴打爛，再將她的頭打破讓她清醒點。」「教訓一下，大概一到三分鐘有，至少十拳打在她的賤臉上，讓她閉嘴。」仲介業一片叫好：「今天最開心的事，莫過於有個正義感的人，扁了一個畜生。」

王女士還將自己私底下偷錄的影像傳到「外勞仲介從業人員交流團」上，呼籲各仲介不要承接該名外勞。Susan私下錄音不行，自己錄影卻蠻橫有理。

後經查證，芳婷走的是直接聘僱程序，也就是說，芳婷本不該有仲介。她的合約是與雇主直接簽訂，王女士卻自稱是「仲介兼雇主」，仲介一說何來？更蹊蹺的是，這位充滿「正義感」的王女士，除了每個月照收一千八的仲介服務費外，在勞動部的系統上還是「被照顧人」的身分。因此，事實上，王女士既非雇主也非仲介，她本應是被照顧者。好一個身強力壯的「被照顧人」。

由於台灣對移工採取的，是限業限量的「客工制度」（註），因此勞委會採取「配額管

註　客工是跨國招募契約勞工的常見模式，多施行在不鼓勵移民的歐洲、亞洲國家。移工在工作期間需配合地主國特定的政策，其工作地點、工作時間等亦有所限制。

制」的方式，控制移工數量。配額管制，是雇主可以聘用移工的名額，也就是所謂的「外勞配額」。

外勞配額是政府審核申請資料後，以一定標準核發的。以家庭看護工的申請為例，被照顧人要持有重度身心障礙手冊，例如軀幹障礙、智能障礙、精神障礙、失智者等，並通過巴氏量表的評估。符合這些條件，才能由與被照顧人具有一定親緣關係的家屬，或透過安養機構去申請配額。有了配額，才能聘僱外籍看護工。

這位不僅在家裡毆打勞工，還在勞工局對工作人員施暴的王女士，要如何讓人相信她是「被照顧人」？如果她是被照顧人，那她口中「被照顧死的阿嬤」是誰？又為何聲稱自己是「雇主兼仲介」？

王女士是以何種神通成為被照顧人，並申請到外勞配額的？勞工局在開協調會時，又為何沒有查證王女士的身分？

整件事處處都不合情、不合理，更不合法。這背後說明了怎樣漏洞百出的公家程序，層層剝削的私人仲介，迫人為奴的移工制度。

客工制度伴隨著「不能自由轉換雇主」的條款，使移工在勞動市場失去自由；全面私有化的仲介在傾斜的市場和政策管控間施展暴力，謀取暴利。這正好印證了Susan在協調會現場的一句話：「很多勞工的權益都是在細節中被犧牲掉的，但沒有人在乎。」

阿泰是鬼，芳婷是人。但是在這座囹圄城裡，人失去了人的樣子，人鬼之間，並沒有本質區別。

Susan被王女士毆打的時候，芳婷完全嚇傻了，直到回到TIWA庇護所，也還驚魂未定。無論是那晚的觀音山，還是勞工局的協調會，都足以讓芳婷用很長的時間去消化恐懼。所幸庇護所裡還有很多同是天涯淪落人，大家以此為家，彼此慰藉。

庇護所坐落在平常百姓的巷弄之間，男女寢室隔著一條走道，還有一個地下室，堆放些抗爭用的道具、各方募捐的衣物、老舊的家具。有時候男寢安置不下那麼多需要被收容的勞工，便會在地下室鋪幾個床墊，大家擠擠便住下。男寢、女寢都各有三間房，一個客廳，一個廚房，後院也不是自家院，是樓與樓之間的消防通道，可用來晾晒衣服。依房間大小不同，每個房間都放置著好幾張床，上下鋪，一人一個床位。客廳裡擺著沙發、餐桌和電視，廚房有簡單炊具。麻雀雖小，五臟俱全，人多時，庇護所裡最多可容納四十幾個人。

家之所以成家，是因為有一個遮風避雨的住所，還有一個願意等你回來的人。在這個家中，大家朝夕相處也最為敬愛的，莫過於管理員楊大華。大家都親切地喊他「爸爸」。

爸爸是這個大家庭的大家長，操持著家裡的大小事，管理著一群大孩子。庇護所每天的清潔、買菜、煮飯工作要平均分配給每個人；新來和離開的人都要登記在冊；水管堵了要請人來通，衛生紙不夠了要記得去補；鄰里關係隨時要打好。還有庇護所裡收養的流浪狗小四，爸爸早晚都會帶去散步，有時勞工會陪著一起，因為爸爸常趕不上小四的步伐。

獲得「爸爸」這個稱號，要從十年前說起。那是二〇〇八年，TIWA的庇護所剛設立，主要收容在處理勞資爭議案件時無處可去，以及不適合再住在雇主或仲介家的外籍勞工。那年爸爸五十八歲，腿腳還利索，總是東奔西跑去各地接需要被安置的工人。有次老遠去中壢接一個越南廠工，二十來歲，中文說得非常好。回程的路上，男孩一直感慨，「來台灣工作怎麼遭遇這種事。」

那時候社會版總有許多負面報導，說越南人素質差、愛逃跑。男孩一直希望在台灣有個像爸爸一樣的人可以隨時關心他們，了解他們的處境，他覺得這老人年齡和自己父親相仿，就親暱地喊他「爸爸」。後來庇護所的人也都開始叫他爸爸，叫起來大家像一家人，沒有距離感，也沒有台灣人和外籍勞工的階級之分。

獲悉勞工局的暴力事件後，爸爸安慰芳婷，過去的事情就過去了，去哪裡都要懂得保護自己，「我們重新找雇主，找一個疼你的阿嬤。」

芳婷似懂非懂地點頭。

爸爸也點點頭，走到庇護所門口，點上一根菸，對小四嘆息道：「那麼壯啊，還可以打人，這什麼世界啊？這完全亂了套了，對不對？」

對啊，這是個什麼樣的世界？

爸爸常說，庇護所是一些在職場上受到傷害之人的中途之家。此職場非彼職場，外籍勞工的職場往往都是台灣人不願從事的「3D」行業：骯髒（Dirty）、危險（Dangerous）、辛苦（Difficult）。永遠拿最低薪資，限量、限業又限時，但卻是維持台灣產業、彌補長照不足的隱形人，他們在職場所受的傷害，也是光天化日之下讓人想都想不明白的。

職災後被謊報逃跑的廠工；照顧老人以外，還要種田、賣菜的家庭看護工；在船上被打罵、虐待，沒有吃食的漁工；被拖欠了幾個月薪資的奴工；被限制行動的工作機器……這些漂浪的人被TIWA帶回來，協助他們處理勞資爭議案、尋找工作、就醫、學習、陪伴。爸爸說，庇護所是他們的第二個家，很多人離開後還會再回來看看。

「會想到我，想到shelter這邊美好的記憶。如果不留戀的話，幹麼回來？在台灣沒有其他家啦，回來看看，老朋友去工作，來這裡見見新朋友。」但爸爸也總對找到工作要離開的工人說，離開了就不要再回來了。

不回來意味著工作順利，不再需要庇護。平安賺到錢返鄉，找到生命的皈依。

爸爸一百六十公分的個子，滿頭銀髮，走起路來深一步淺一步。長年的體力勞動耗損了身體，類風濕性關節炎也慢慢找上門來，原本老來就走得慢，關節炎發作時更是行得遲緩。即便行動緩慢，爸爸卻總是一刻也閒不下來，關照東關照西，似乎擔心因為自己不小心疏漏了什麼，工人就失去一個可能找到工作的機會。

若有人違反庇護所的規章制度，爸爸生氣喊起話來也是底氣十足。不過，他常常前一秒還在「訓斥」不聽話的大孩子，「你們當這裡hotel？認真學中文、認真找工作！」後一秒又被逗得瞇眼笑了開來，「好啦好啦，乖乖的啦，不乖就打屁股！」

爸爸愛穿素色棉布褲，天熱時，汗滋滋地套一件短袖，很多是抗爭時穿的，全國關廠工人連線的「支持臥軌工人」T恤，黑底白圖，印著戴斗笠的工人，含淚頂著巨大的「幹」字。「幹」原就是工作、做事之意，工人勤勤懇懇工作，到頭來卻被資方當作用完即丟的工具，除了罵個「幹」，根本無處申訴，有苦難言。

這件T恤，好比台灣工人命運的縮影，也有如爸爸大半生的寫照。

五〇年代出生的他，台灣工業正開始蓬勃發展。國民政府遷台後，人口遽增，加之失去中國大陸的市場，國府於是實行土地改革，以農業培植工業，並採取「進口替代策略」，發展消費品工業以取代進口，節省外匯，增加就業。紡織業便是當時的優先發展工業。

與此同時，政府大力扶植民營企業，一九五四年新光集團的創辦人吳火獅看到紡織業的蓬勃發展，透過美援會獲得援助後，成立了新光紡織，在士林一帶「填河造陸」，由工人一鏟一鏟掘土，一磚一磚蓋廠，最後完成了占地約一點五七萬坪的廠房。

到了六〇年代，世界經濟產業開始分化，歐美和日本等先進國家致力於發展資本與技術，將勞力密集型產業外移到發展中國家和地區。台灣躬逢其惠，從「進口替代策略」轉為「出口擴張策略」，積極鼓勵投資，發展出口工業，拓展國外市場。一九六五年，台灣在高雄設立了亞洲第一個「加工出口區」，勞力密集型產業成為台灣工業的重要經濟命脈，「客廳即工廠」、「以廠為家」的口號響徹半邊天。此時的台灣脫貧致富，締造第一個經濟奇蹟。

楊大華在鄉村長大，那時鄉村也開發了多處工業區，目的是為了增加農村人口就業，並防止人口流失。六〇年代末，他高中畢業，為了生計，就在礦窯做一天四十元的臨時工，此後又在鞋盒工廠做了一年裝訂工。那時的爸爸早已嘗過貧窮的滋味，因為父親英年早逝，最窘困的時候，他連學費都付不出來。後來被過繼給叔叔，雖然完成了學業，但貧窮的羞恥感深深烙在心裡。倔強的自尊心讓他連畢業證書也沒去領，是請同學代領的，因為曾經一度沒錢繳學費，而被老師要求「回去拿了錢再來上學」。

一九七三年，爸爸退伍，正式進入新光紡織士林廠工作。七〇年代的台灣在繼續推動出口擴張策略的同時，實行第二次的進口替代策略，也就是製造資本和技術密集的產品，發展重化工業，例如鋼鐵、造船和石化工業，與此同時，也發展能源和交通等基礎設施建設，「十大建設」和「十二大建設」由此展開。

這些重大工程建設讓台灣免受第一次石油危機的重創，在七〇年代經濟仍舊成長快速，締造第二次經濟奇蹟。此時的紡織業仍是出口導向的重點。新紡每天的產能是四萬錠（註），機器二十四小時都在旋轉，從原棉到錠，一分鐘就有四百錠。廠裡常說「每分鐘走四百步」，四百步大概九十公尺，大約為一個機台的長度；來回走是為了

註　錠，紗廠用以計算生產數量的單位。

顧機台，紗斷了要立刻去接。那時候爸爸的工作是空調技師，調節大型中央空調的溫、濕度，空調得宜，紗才不會斷，品質才好，女工也不會那麼辛苦。

紡織廠空氣汙濁，棉絮漫天飛，即便戴口罩都沒用。身為空調技師，雖然不在現場工作，還是要整場走動，觀察溫、濕度是否符合現場生產需求。通風口的坑道楊大華也爬了十幾年，因為要處理通風的積棉，才能保持空氣對流。

工廠聲音嘈雜，待久了還容易重聽。不過，作為工廠人，生活雖單調，倒也還安穩，每天只要想著工作，今天要完成多少產量，明天要做什麼事。紡織廠在台北都是用圍牆圍起來的，不和外界接觸，三班制輪替，日夜顛倒。廠內供吃住，還有專門的行政部門幫忙處理往來郵件和包裹，那時工廠看起來真的好似一個功能齊全的「家」。

不是沒想過要跳脫出來。爸爸在婚前經歷過一段長達七年的戀情，兩人在同間工廠認識。當年的爸爸文采非凡，又練就一手好字，把真心和甜言撒在沾了香水的信箋上，遞了出去。這一遞，便遞出了十幾年的光陰。但他提親三次卻被拒絕。第一次是被女友的爸爸，第二次是她大哥，最後一次則是女友自己。女友的父親嫌他是工廠人，一輩子沒出息，而女友也早早就從工廠跳出來做保險，並鼓勵他一起創業。但在工廠待久的男人，想不到，也不知道還能去做別的什麼事，總以為在廠裡可以安穩待一輩子。提親三次而被拒，從台北到高雄，到屏東，最後抵達台東女友家。台灣一圈繞下來，再回到台北時，爸爸說：「那時候看著天空都是灰濛濛的。」

也許因為這段美好又痛苦的愛情經歷，爸爸常談論愛情，想必這也是他一直在思考的人生課題之一。年輕時刻骨銘心的愛，一直到年老，都會隨身攜帶，就像爸爸口袋裡常備的止痛藥。誰都以為痛著痛著就習慣了，但其實這傷痛就像濕寒天裡發作的關節炎，不過從心裡轉移到身上罷了。

人經歷過什麼，最終都會在身上留下什麼樣的痕跡。爸爸說：「愛情的花啊，開出的剎那是很美的，只是不知道能不能雋永。有時候走著走著，就蹉跎了歲月。」很想反駁他什麼，例如回憶美好之類的。但爸爸說，有失落感，那便是蹉跎了。

後來爸爸交了他的下一個女友，也是他後來的妻子，這女孩也與他在同一個工廠，做文書工作。兩人其實認識了十幾年，也都剛剛從傷痛裡走出來，工廠人理解工廠人的不易，互相慰藉，互相支持。也是到了該結婚的年紀，八三年的時候他們結婚了，婚後育有三個兒子。

「如果不是關廠事件，我應該會做到退休吧。已經在工廠工作十五年了，再熬個十年，就能頤養天年了。」爸爸說。

●

八〇年代末、九〇年代初，長期仰賴密集勞力生產的台灣企業面臨轉型困難。台幣升值，土地和人力成本上漲，台灣產業無法再依靠從前的生產模式而亟需轉型，於是從勞力密集型產業轉向資本和技術密集型產業。無法轉型成功的企業，則瞄準中國大陸低廉的土地和人力，紛紛向外轉移。

關廠風暴開啟，工人失業，爸爸便是受害者之一。

一九八八年十月二十二日，新光紡織士林廠一紙公文，片面宣布關廠，毫無預警，也沒和工會協調。四百名工人瞬間失業，工廠人有如晴天霹靂，數十年如一日圍著工廠的生涯，一下子宣告到頭，失去生活重心，也失去了工作權。「台灣九〇年代走下坡以後，每天的變化都不同，你還來不及反應的時候，不是站在風頭浪尖上，就是被浪潮打趴。」那年爸爸三十八歲，夫妻兩人中高齡失業，最小的孩子還嗷嗷待哺。原以為可以在工廠一輩子的他，猶如站在海市蜃樓前，風一吹，只剩下一片汪洋。

那年新光在十大財團名列第二，橫跨多個行業，超過一千億以上的產值。工廠明明還可以維持，為什麼說關就關？資方以「機器老舊、經營虧損」為由，宣布無法繼續營運，但事實上，卻是因為士林一帶的發展帶動土地價格上漲，資方要將土地改建為新光吳火獅紀念醫院，並拓展其周圍商圈。

也就是說，資本家資本流動的利益大於勞工的工作權，將四百名工人用完即丟。開了近三十五年的工廠，新光集團發跡的地方，台灣的第一代工人，為了工廠貢獻大半生的人，在這裡經歷了三十五年的壓榨和剝削。「以廠為家」的口號，到頭來一場虛空。

離開工廠圍欄，工人才知道原來新紡的薪水是偏低的。一年一個月的年終獎金也都沒分給員工，資方美其名曰「好天要存雨來糧」，雨來了，糧卻都存到資本家的口袋裡了。那工人的前路又在哪？

總得討個說法！新紡工會無力解決問題，於是工人決定奮起抗爭，全廠成立「員工自救小組」，並投票選出召集人和二十幾名員工代表，爸爸楊大華便是最高票當選的代表之一。

當時抗爭期間有「外力」介入。在國民黨管控的年代，國民黨稱非勞工以外的力量為「外力」。「外力」是指會協助勞工抗爭的團體或個人，包括工運團體、社運團體、進步律師、學生等，也包括參與政治運動的一些人。這些參與政治運動的人就是當年的民進黨，是民進黨內的「新潮流」派系。新潮流在八〇、九〇年代積極投入社會運動，形塑與弱勢站在一起的形象，累積了不少反對國民黨的中下階層為自己的政治資本。

爸爸是當年看得比較清楚的工人，他堅持不和政黨，也就是當時的民進黨，有任何聯繫。因為爸爸認為勞工運動要有它的自主性，抗爭是為了工人自己，而非政黨利益。也正是爸爸的這分固執與正直，讓他一方面被政客從旁醜化、抹黑，另一方面也凝聚了信任的力量，得以帶著三、四百人站出來抗爭。

新紡的勞工抗爭是解嚴後規模最大的一次集體抗爭，工人們第一次自己學著寫布條、做道具，與資方談判，寫歌、編曲，苦中作樂。抗爭是個苦悶又冗長的過程，無論身體上還是精神上。期間有人陸續離開，最後留下來的人，總共走了七十六天，兩個多月。十二月，工人們在公司外埋鍋造飯，卻終究敵不過資本巨輪的輾壓。天很冷，人會痛。沒有工作權，就沒有生存權。

新光紡織關廠事件後一年，一起抗爭的一位老工長因為肺病去世了。紡織廠的空氣不好，人一下就沒了。那一年裡，離開工廠的爸爸做過補習班企劃、貨運司機、水電維修工等，一方面時運不濟，另一方面他個性剛烈，又是抗爭過的代表人物，很難再進入職場找到一份持久、穩定又能養家糊口的工作。失業半年後，他用新紡領的資遣費開了美而美早餐店，夫妻兩人一個煎蛋一個包三明治。但房租貴，早餐店又是搶時段的生意，從早上備料忙到下午收攤，妻子不堪重負導致胃出血，只好歇業。最後，老婆帶著三個孩子回娘家的雜貨鋪幫忙，勉強維持生計，楊大華則帶著一副身體走進工地，開始了他顛沛流離的日子。

「幾乎什麼工都做，大台北的各個工地，水電、泥作、油漆，什麼都幹。粗工啊。工地就是出賣勞力，人家叫你做什麼，你就做什麼。都是短期工人，但錢可以現拿。」見過年輕時爸爸樣子的人，絕對想不到他可以在工地生存。一個文弱的技師，標準身材，健康但不壯碩，偶爾舞文弄墨，帶領幾百人上街抗議的運動幹將，卻在工地打牆壁。他要打掉整座牆，要搬水泥，一包五十公斤的水泥，從一樓扛到六樓。把六樓的地板和牆壁打掉，再把垃圾搬回一樓。一天進進出出無數回，那時候還沒機械力代替，都是人力，只能一階梯一階梯往上抬。夏天很熱，都打赤膊，累的時候就喝維士比加咖啡提神。「都是重體力活，但勞動的意義就在這裡，展現身體的力量。這不容易的，沒有勞動，哪有生存。」有時中午休息，爸爸累了就躺在地上，醒來都不知身在何處。

做工的人難免受傷。爸爸曾經親眼見過，下雨後鬆散的土堆整座塌下來，埋進一個人，大家就趕緊徒手挖。他自己的手也曾被鐵釘貫穿。一雙膝蓋常年負重，痛了就喝點酒，貼塊膏藥。即便粗工這碗飯不容易吃，爸爸還是努力學習各種技術，除了鋼筋綁鐵做不來以外，其他都做得稱職，到後來設計師都會找他討論細節。

工地會有遊民臨時工，爸爸和他們配合搬水泥、搬石頭、挑沙挑磚，閒來就會聊聊天，聽聽遊民的心事和故事，他們為何成為社會邊緣人，這背後都有一段不為人知、刻骨銘心的生命故事。做完工，大家各自回家，他們去台北橋頭，爸爸回到自己的家。總還是有個家可以回，這是爸爸最大的安慰。有時到家已是深夜，妻兒睡了，還是為他留一盞燈回來。雖然身體疲憊，但總還是有賺到錢。賺到錢，妻兒才有飯吃，晚餐才感覺舒坦，覺得自己終於為家庭盡了一分力。

做工時爸爸都要求現領，因為關廠事件後，他再也不想為誰賣命了。那時做粗工一天一千二，扣掉吃飯和交通，最後不過七、八百。景氣好的時候可以做到滿工，一個月三十天就做三十天。就這樣，爸爸靠身體撐住了整個家，供三個兒子念完書。他記得每次去學校接孩子，就聽到孩子的同學對他兒子說：「你阿公來接你了。」工地漂泊十年，四十多歲的黑髮人，已變白髮人。

九〇年代末，工作機會開始慢慢減少了，原本可以做滿工，後來一個月做不到十五天。「不夠十五天就完了啊，不足以養家糊口啊。」生活的壓力再一次向楊大華襲來，事業的挫敗感又湧上心頭。開工不足，空下來的時間不知如何打發，只好借酒澆愁。他買最便宜的米酒，一喝就是一整天，沒個清醒，也不能清醒。

爸爸酗酒酗到失去工作能力，有一天甚至在工地上就暈倒了。那時他萬分感慨，自己又沒做什麼壞事，為什麼命運會淪落到這種地步。不是自己不願意工作，是沒有工可以做啊。那時候，他就慢慢發現，台灣的工地上多了很多外籍勞工，都是一批一批來，做最粗重的活，領的薪水又比本地勞工少。本地勞工的工作機會開始變少，甚至被外籍勞工取代。

千禧年，台灣第一次政黨輪替，陳水扁快樂上台，楊大華無工失業。陳水扁當選後，雖然在政治上兩岸關係並無改善，但在經濟的貿易往來上，比李登輝時期更加寬鬆，由此也加速了台灣產業外移的腳步。

那時台灣已是泡沫經濟高峰，台灣的關廠和失業率節節攀升，弔詭的是，資方卻大喊「缺工」。事實上，缺工現象在八〇年代就已經開始浮現。那時台灣經濟開始全面進入自由化，貿易順差擴大，總體經濟失衡嚴重，勞動力和土地價格上漲，企業向資本與技術密集產業轉型，轉型不成功的勞力密集產業就往中國大陸轉移。所以事實上，資方缺的不是工，而是廉價勞動力。為了防堵產業危機，「根留台灣」，當局開放引入移工，以維持低薪勞力密集的傳統產業。

一九八九年台灣就開始引入移工，原先是以「補充性勞力」為考量，引入一萬五千名移工，以彌補營造業和勞力密集製造業的缺工現象，後來又開放引入家庭看護工和家庭幫傭。到了一九九二年五月一日，《就業服務法》通過後，台灣正式引入第二批約三萬兩千名移工；四個月後，又引入第三批移工，並擴增到六十八種行業。二〇〇〇年楊大華失業的時候，台灣已經有約三十萬名移工，嚴重衝擊本地勞動力市場，本地勞團大喊「外勞搶飯碗」。被當作廉價勞動力的外籍勞工，成了本地勞工失業的代罪羔羊。

外籍勞工到底有多廉價？二〇〇〇年，外籍勞工的基本薪資只有一萬五千八百四十元。失業的爸爸又開始做了半年早餐店，直到二〇〇〇年十一月，曾經一起為新光紡織廠抗爭過的黨外運動者鄭村棋找上楊大華。那時鄭已經是台北市勞工局局長，希望到體制內實現改革。移工的進入也增多了勞資爭議案，鄭便在勞工局內成立「外籍勞工諮詢服務中心」，並希望楊大華來擔任外勞查察員。剛開始爸爸並不想去，一來不知道是什麼樣的工作，二來因為在官僚體制內，他覺得自己格格不入。那時酗酒成性的他，甚至連應徵前都喝得臉紅耳赤，還謊稱中午參加朋友女兒的訂婚喜宴，才喝了點酒。沒想到就這樣應徵成功了。爸爸開始認真思考，自己已經墮落到一日無酒就活不下去，自己的人生難道就這樣了嗎？那年他已是知命之年的五十歲，遂決定一試。

沒想到進去一個多月後，他就落跑，因為是約聘制的非正式公務員，那個單位又在草創時期，領不到薪水。另一方面，看到現在的外籍勞工猶如看到十幾年前的自己，這麼多年過去了，勞工面對的問題都還是一樣的，他更是心灰意冷。不過鄭村棋還是把他找回來，爸爸也漸漸對這份工作得心應手，尤其是處理關廠事件。

有一次，他處理自來水廠的關廠事件，人到現場去，發現三、四十個泰國工人在工地，無人理睬，沒水沒電。仲介要把他們遣送回去，可是他們的薪資還沒做處理，於是爸爸決定就地安置，在他們原先工地的宿舍申請水、電、瓦斯和食物，然後著手處理勞資爭議案。但承接工地的老闆早就落跑，泰勞一氣之下，拿著國旗去台北市政府廣場抗議。爸爸得知後，跑去將他們安撫下來，然後在本部勞工局安排一間會議室接待他們，帶著翻譯，好了解他們的訴求。那時候勞動局才知道楊大華對處理這種集體群眾的勞資爭議案很有一套，殊不知都是當年新紡抗爭積累下的寶貴經驗。

但好景不長，三年後鄭村棋任期滿後離開勞工局。戰友離開，楊大華便覺得做這份大海內救人的工作沒多大意思，他不想當體制內的幫凶，也決意離職。離開後又開起了早餐店。四十幾歲做不來，五十幾歲手腳更慢，但一個失業老人，沒錢沒資本，還能做什麼呢？只能辛苦支撐。直到二〇〇八年，TIWA庇護所成立，也是當年一起抗爭的黨外人士Susan來到爸爸的早餐店，邀請他擔任庇護所管理員。一做就又是十個年頭過去了，但這應該是爸爸繼新紡後，做得最長久，也最安心的工作了。

當時關注移工權益的團體並不多，加入移工運動，常被人責難「台灣人不幫台灣人」，實在是份吃力不討好的工作。但爸爸自有他的道理，「在同樣受到壓迫的體制下，不管本勞、外勞，勞工的命運都是一樣的。外勞在台灣語言不通，資訊不對等，常常是裡三層、外三層地被剝削，比本勞還慘。」爸爸說。「我是工人出身，自知工人的苦衷，又何況是這些漂洋過海的外籍勞工！」

從結構面看，原先引入移工是以「補充性勞力」為考量，然而從八九年到現在，每年引進的移工逐年增加。直到二〇一八年，合法登記的移工總數約達七十萬人（其中社服移工約二十五萬人，製造業、營造業約四十三萬人，農、林、漁、牧業約一萬人）。此外，移工在台灣的工作年限也從三年改到六年，再改到九年，現在已延長到十二年，「補充」其實早已成「替代」，這再次證明了台灣不是缺工，而是缺乏廉價勞動力。外勞愈廉價，本勞愈失業，所以其實只有不讓本勞、外勞薪資脫鉤，同工同酬，才能促進工人的勞動權益。

庇護所管理員這份工作讓爸爸樂在其中，也悲在其中。樂是四海一家親的樂，悲是人命如螻蟻的悲。台灣自一九九二年通過《就業服務法》，正式引入移工二十幾年，雇主、仲介和移工之間的問題層出不窮，其中包含層層剝削的仲介制度、不得自由轉換雇主的契約鐐銬，還有同工不同酬、薪資拖欠、超長工時、性侵虐待、許可外工作、職災遣返等一系列問題，嚴重侵害了移工的人權。

勞工團體也抗爭那麼多年了，勞資爭議案依舊屢見不鮮，政策不管怎麼修，都始終萬變不離其宗。不能自由轉換雇主是移工政策的最大詬病，使移工在不平等的勞動環境中動彈不得，如同奴隸戴著鐐銬，能賺了錢全身而退的，全憑個人運氣。縱使個人有個人的命，但這命運在結構的網羅中，又有一番殊途同歸的意味。爸爸最常叨念的，便是「工作權等於生命權，一個人的生命怎麼能被輕易對待」。

移工來到庇護所後，先要由個案負責人協助處理勞資爭議案，這個過程可長可短。由於移工不能自由轉換雇主，如果移工要轉出，雇主就會失去一個「外勞配額」，所以很多雇主會因為不想失去配額而不願放手，雙方便僵持不下。也有移工被仲介謊報逃跑，移工一旦因為逃跑被記錄在案，等待撤銷的時間便很長了。處理完勞資爭議案後大約一到兩週，勞工便能得到新的工作許可，接著他要在兩個月內找到新工作，否則依然要離境。若在台工作不滿一年，可以有四個月時間找工作。

找工作期間，勞工每週四都要去「就業服務中心」登記，同時讓仲介像在菜市場挑菜一樣挑選工人。以前爸爸每個禮拜四都親自帶工人去就業服務站，爸爸說：「現在走不動了，光從桃園火車站去那個就業服務站都覺得好遠哦。那時候我都親自跟啦。他們找不到工作，我的壓力比他們還大，你知道嗎？我還親自去拜託仲介，這張老臉，去拜託人家。」但每次有勞工找到工作轉出，他又比誰都開心，會親自和他們道別，或把他們交到仲介手上。

「是想說，留在這裡，有一個家的感覺。你來我這裡，至少還有一個人在關心你，不會讓你感覺很孤單。要讓他們感受到TIWA的安置中心比較有人情味，而不是只把你當過客看。過客就是來來往往，多一個、少一個都一樣，但這些人對我來說都不一樣。」爸爸說。

爸爸的關心，大家都感受得到，平常「爸爸」、「爸爸」叫得親暱，常和他中文摻雜英文，雞同鴨講地聊天，也一起在庇護所門外抽菸，陪爸爸遛狗，耐心聽爸爸囉嗦的「管教」，離開之時抱著爸爸哭到不行，找到工作的人還會定期回來探望爸爸。

TIWA曾安置過一個印度人莫那什，原本是白領，來台灣做廚師，卻被雇主當成藍領工人，不僅剋扣薪水、扣押證件，還限制行動。後來他自己寫信到警察局報案，才得以安置。這個案子反映出，你的價值不在於學歷或你在母國所處的階級，你的膚色和你的母國已經決定了台灣人看你的眼光。莫那什在庇護所時不太愛講話，卻總是黏著爸爸，找到新工作後，有休假便回來探望爸爸，順便做印度菜給大家品嘗。他說，他希望「像爸爸一樣工作著」。

還有一次，一群菲律賓女生打聽到爸爸的生日，大家集資買生日蛋糕、布置庇護所，想為爸爸辦一場隆重的慶生晚會。沒想到那天爸爸休假，大家落得一場空。爸爸嘴上說著不希望大家勞師動眾，也不會去提自己的生日，但回憶起這件事，還是滿臉笑意。

有時，TIWA有抗爭活動，爸爸便帶著庇護所的工人一起上街。二〇一七年的勞動節遊行後，爸爸說：「四月三十號的遊行我覺得滿吃力的，我都很怕沒有辦法走完全程，沒有辦法把工人安全地帶回去。」爸爸最注重的，是工人的安全。回憶起新紡抗爭，爸爸說：「我帶領這些人出來，我一定要安全，不讓他們受到傷害。」那時資方還找了流氓來打人，造成兩人受傷，這讓爸爸氣憤不已。

抗爭時，爸爸的妻子都默默支持，唯一擔心的是他的安危。因為一旦他出事，妻兒便無依無靠了。身為工人，爸爸了解工人的處境，也了解工人的身體和安全是多麼重要，那是活下去的本錢。

為了讓勞工在等待轉換的期間不會無聊，又能提升自我、找回自信，庇護所每週都會上兩次中文課，並開展各類課程。有一次上攝影課，一個菲律賓漁工說要拍一支「表現自己孤獨」的影片，因為遠離家鄉，而漁船的日夜作業更讓人心生寂寥，在庇護所等待的日子，他只能彈彈吉他聊以自慰。爸爸逗他，「孤獨哦？孤獨不是你一個人站在山上，吹一吹冷風就是孤獨。」那時爸爸一定想起了他在工地醒來，不知身在何處的孤獨。

爸爸認為勞工教育非常重要，不僅是語言和技能。「勞工意識也要抬頭，要知道他們自己的權益在哪裡。」新紡的抗爭雖然敵不過資本的侵蝕，卻在抗爭過的工人身上留下了可以被延續的星火。

談到過去的生命經驗，爸爸覺得，一圈下來，生命被拓展了，關廠事件改變了他的人生。如果不曾抗爭，一輩子在工廠的圍牆內度過。關廠後出去工作，讓他了解整個社會階層，不同人不一樣的生活。他常說，工作權就是生存權，人生而為勞動，勞工是最實在的。「人勞動，並從勞動的過程體驗生存的意義，體驗勞動帶來的無限歡愉和快樂，而非工作壓力，這才是最重要的。」因此，一旦工作權被剝奪，人也就喪失了生存權。

帶領新紡工人的抗爭，可能是爸爸這一生最自豪的事，不是為了功名利祿，而是，「我曾經為這四百多人做過事。」爸爸說，每次唱起〈勞動者戰歌〉，他就會哭，尤其是喝了酒以後。

四月末，芳婷的案子處理完，也順利找到了新工作，只是仲介來領她時，她還有些畏怯。問她原因，才知道新仲介的身材和王女士相似，好似全天下的仲介都長一樣。心頭揮不去的陰影，隨時襲來的恐懼感。仲介讓芳婷站在街上拍一張全身照，芳婷在鏡頭裡的笑容拘謹而侷促。

離開庇護所去工作的人，帶著半點喜悅，半點惶恐，一點未知。被留下的，則繼續焦灼和等待。庇護所裡人員流動率高，每隔幾天便有新面孔，沒完沒了的勞資爭議。

五月，六個菲律賓廠工集體向勞工局申訴並罷工，拖著行李，來到庇護所安置。移工的安全之家一下子熱鬧非凡。

六人同屬一家位於新莊的小型家庭電鍍廠，工廠裡除了七個菲律賓工人，只有一個台灣工人，全靠移工撐起整個廠的生產作業。幾個工人嚴重超時工作，每天工作十五個小時上下，加班費卻被嚴重剋扣，連加班總量的一半都沒有。更嚴重的是，老闆態度惡劣，工廠內瀰漫著化學氣體，工人卻一點安全配備都沒有。除了一雙靴子以防流到地上的酸性物質腐蝕雙腳，連一個口罩都沒有，更別說有化學物質的工廠，雇主理應提供三個月一次的免費醫療檢查。

每天六點起床開始工作，一個小時後可以上樓吃早餐，但若遇到老闆來工廠視察，便只能餓著肚子繼續工作。老闆幾乎每晚都去賭場，早上才回工廠，若輸了錢就拿工人出氣。「幹你娘，給老子快一點工作！」「他媽的，別擋我的路，你們這些神經病。」老闆一邊罵，一邊用力推開身邊的工人，而機器就在旁邊。

午餐、晚餐只有十到十五分鐘的用餐時間，便當相當糟糕，裡面甚至有蒼蠅。工人向老闆反映，老闆只是看著他們輕蔑地笑，好像在說，牲口也挑食。幾次食物中毒後，工人決定不再食用工廠提供的便當，於是十點下工後，還要煮飯，準備第二天的午餐，往往凌晨一點才能入睡。隔天照舊六點起床。

每週只有週日能休息，但有時候老闆會要求週日也加班，工人們百般不願意。「週日我們想休息，想要上教堂，想要有一點自己的時間。我們已經很累了，一個人做三、四個人的工作，週日是我們唯一的假日。」六人中，最高也最活躍的瑞德說。

瑞德高中畢業後就去汶萊工作，後來又跟著父親去東帝汶工作。他會講流利的印尼文，二〇〇六年第一次來台，進入玻璃廠工作，三年合約期滿後回到菲律賓，二〇一五年再次申請來台，進入現在這間工廠。「進工廠前，我們都不知道是做什麼工作，我知道是操作機器，因為台灣很多機器。但我沒有預料到，我們就是機器。」

大部分移工在簽合約時都不知道自己要做什麼工作，或者合約上的工作內容與實際內容不符；下了飛機，到了工廠，才知道要做什麼，完全沒有選擇的餘地。雇主有「外勞配額」，相對於工人本身，政府在「不妨礙本國人就業機會」的前提下，作為「補充性勞力」核發給雇主的「配額」，才是最有價值的商品。有了配額，就有外勞來工作，廉價、好用又穩定，不喜歡還可以隨時換，反正仲介手裡多的是勞動力，輪不到外勞挑工作。

瑞德才工作兩週，指甲就又紅又腫，手指無法動彈，連吃飯都困難。因為他每天都要和另一個同伴一起，用網子兜起六十到八十公斤重的材料，濾去上面的化學殘留物。兩週後，瑞德才在工廠第一次見到仲介，他請仲介幫他換工作，仲介卻說：「為什麼他們能做，你卻不能做？」想到來台前為了繳交仲介費欠下的債務，瑞德只好繼續工作。另一方面，他每天都被老闆罵，瑞德想著自己是新人，也許學會了所有事情，老闆就不會罵他了。可是兩年八個月後，老闆還是一樣的態度。

「他當我們是牲口，是奴隸！」喬伊說。

「他是一台機器啦！」阿奈打趣喬伊。

在工廠的人都生病了。每天都咳嗽，皮膚被腐蝕，瘙癢難耐，因為空氣中瀰漫著化學氣體。喬伊和阿奈是裡面病得最嚴重的兩個人。喬伊來台前在家鄉種田，身體硬朗健康，到工廠工作後開始每天咳嗽，去醫院檢查，發現肝臟受損，出現斑點。喬伊此後每週都要去醫院回診取藥，賺的錢都花在看病，根本沒足夠的錢能寄回家，供兩個兒子念書。去醫院還會被扣薪，沒有工作就沒有薪水，哪怕病得站不起來了，老闆也照樣把他拖起來上工。

阿奈在工廠是最靠近化學物質的，工作時，酸性物質飛濺到他身上，空氣裡的毒氣環繞著他。他全身上下都是紅黑色的斑點，從臉到肚子，到腿，沒有一塊完好的皮膚。

七個菲律賓人分屬於兩個仲介，工人向仲介申訴，仲介全然不管。「仲介只站在雇主那，雇主給仲介錢，要他閉嘴。」瑞德憤怒地說。

他們終於忍無可忍，商量了一週後，決定一起向勞工局申訴。「我們要為自己的健康著想，繼續這樣工作下去，我們可能會死。我們決定一起申訴，一起罷工，因為只有

一、兩個人申訴的話，老闆不在乎，他隨時可以換工人，只有一起離開，大家的問題才能得到解決。」最後有個工人臨陣脫逃，瑞德說：「我們理解他有他的苦衷，他有債務、有家庭，需要用錢。但我們誰不是呢？他沒想到自己的健康。」

諷刺的是，在勞動局開協調會的時候，平常囂張跋扈的老闆竟然哭了起來，乞求他們回去工作、取消申訴。並允諾退還全數被剋扣的加班費，每天保證只加班兩小時，並改變自己的態度，希望他們給他一次機會。但這些工人知道，不能相信他。相處的這幾年，大家已經完全了解他的脾性，而且他做了不少違法之事，肯定心虛。除了工人超時工作，沒有防護措施外，在工人申訴期間，這個老闆還聘用逃逸外勞。此外，工人的薪資表上，「個人所得稅」一欄永遠是零，可想而知避繳了多少稅。「我們仍然戰鬥。」瑞德義憤填膺地說。

不是沒有反抗的餘地。公平正義，在這六個人身上找到了一個微小的出口。雖然全球資本繼續擴張，邊緣更加邊緣，底層落入更底層；雖然資方依舊壓榨移工的剩餘價值，仲介依舊從中買空、賣空，謀取暴利；政府充耳不聞，與資方共謀，剝削移工；雖然人失去人本該有的生存狀態，成為生產線上的機器。但，不是一切都沒有用。

工人主動團結抗爭的星火還是可以燎原，那些散布在城市各地的小小的反抗，一點一滴累積，滴水穿石。

爸爸一邊聽這群大孩子慷慨激昂地講自己的故事，一邊往膝蓋上貼膏藥，笑著抱怨勞動節的遊行把他給累壞了。天色已暗，大家開始吃晚餐，爸爸也準備下班。原來還總是騎機車來去，「現在老了，改搭公車了。」爸爸依著路燈慢慢走向車站，工人和小四倚著門框看著他遠去。

台北剛下過一場雨，中山北路店家的霓虹招牌反射在馬路上，被剛落下的雨攪糊了顏色。雨夜裡，馬路上的光影顯得緩慢而柔和。剛下班的人在附近尋覓吃食，牛肉麵店升起裊裊炊煙，在還沒遁逃出城市上空交錯的電線密網時，就化成了雨裡的霧氣。這樣尋常的台北雨夜，尋常到幾近溫柔。

某天的中文課，中文老師教移工唱〈勞動者戰歌〉。爸爸按捺不住，就站到黑板前，舉起右手指揮領唱：

全國的勞動者啊
勇敢地站出來
為了我們的權益
不怕任何犧牲

反剝削　爭平等
我的同志們
為了明天的勝利
誓死戰鬥到底　殺殺

十萬元的右手

永遠記得第一次見到莘蒂的樣子，以及此後的羈絆，乃至我無法像個旁觀者一樣來書寫她的故事。

二〇一六年十一月，我第一次以志工的身分進入TIWA的庇護所當中文老師。那時對移工的了解短淺而扁平，即便用最不造作的心態，卻依然摒除不了「我」和「他們」的想像。拉開庇護所的紗門，小四朝著我大叫，爸爸走出來安撫牠，並引我參觀庇護所。不過是尋常人的住家，多了幾張床鋪，和幾張與我們膚色不同的臉孔。

爸爸喚大家出來上課，大孩子們紛紛從屋裡出來，圍坐在沙發上，幾十雙大眼睛盯著我。站在黑板前面，我努力讓自己表現得像個老師，深呼吸，把自己的名字寫在黑板上。「大家可以叫我七七。」我說。然後環顧四周，笑著讓大家介紹自己的名字。

有個女孩坐在沙發一角，穿紅、黑色格子襯衫，一頭俐落的短髮在或長髮，或包著頭巾的其他印尼女孩中，顯得格外特別。我注意到她的右手，整個用紗布包裹住。其他志工告訴我，她三分之二的手掌都被機器壓沒了，正在等骨頭長出來一點，好用來代替手指夾東西。

那天的中文課我們做「草頭娃娃」，在襪子裡面包進種子和土，黏上眼睛、鼻子，放進水裡養幾天，就會從頭頂長出「頭髮」。短髮女孩用紗布包住的右手壓住襪子，左手往裡面灌土，再用兩腿夾住灌滿土的襪子，左手拿起橡皮筋將娃娃綁緊。慢是慢了點，但她做得起勁，還說說笑笑，用印尼文向其他人展示自己做出來的漂亮成果。

我走過去問她名字，她愣了一下，一改剛才的活潑樣，害羞地用生澀的中文和我說：「我叫莘蒂。」我藉助Google，翻譯出「你很可愛」給她看，她便害羞得更厲害了。用手捂著臉笑，說：「沒有可愛啦，我老了。」問她歲數，她說二十三歲。我說，你這麼年輕，還說自己老。她又開始害羞起來。

我心裡實在覺得這女孩很可愛，活潑和害羞的樣子都像個小女孩，其實也真的就是個小女孩呢。我說那我們來拍照，她猶豫了一下，就開心地答應了。

對著鏡頭，一、二、三，我的手機裡留下第一張和莘蒂的合照。照片裡，她靦腆地微笑，用左手擋住右手。

第二次見莘蒂，是在兩天後的中文課上，她戴著一副頗時髦的黑框眼鏡。我這三腳貓老師教大家用中文自報家門，也順帶了解庇護所裡每個人的案子。莘蒂說她來自印尼蘇門答臘島的楠榜省（Lampung），鄰近爪哇島。高中畢業，原本想上大學修習歷史，但家裡沒錢負擔學費，十八歲的時候便結婚了，在家鄉有一個兒子。在印尼的時候和父母同住，想賺點錢，搬出去自己住。她順勢掏出手機，給我看她兒子的照片。照片裡的孩子眼睛溜圓，比莘蒂的還要大一圈，光著身體坐在綠色塑膠浴盆裡，澡盆放在屋外的泥地上，兩歲左右的樣子，張口不知喊著什麼。

問及莘蒂，手受了什麼傷，她瞬間失去剛才歡喜的表情，淡淡地說：「受傷，在工廠。」眼神裡露出一些戒備。我打住這話題，讓其他人接著練習自我介紹。

與莘蒂同坐、感情要好的兩個女生，一個叫寧寧，來自印尼西爪哇省（Jawa Barat）。她說她也很早就結婚了，這在印尼很平常。她有兩個女兒，之前在台南的民宿工作，因為一直沒有休息，不堪重負，才來到庇護所。另一個叫瑪雅，與莘蒂同樣來自楠榜省，整個人十分沉默，她有雙不同顏色的眼睛，一黃一藍，像兩顆晶亮的寶石。她因為耳膜穿孔導致聽力障礙，雇主覺得不好用就不想要她了，仲介也不願管，她才不得不來到這裡。

我發了筆記本給大家做筆記，特別拿了一本印有卡通圖案的給莘蒂。我說，可愛的本子給可愛的女孩，莘蒂得意地向其他人炫耀，隨即又捂起臉來笑。課後約莫六點，大家開始陸續用晚餐，寧寧拿著裝滿食物的盤子和莘蒂共享。寧寧用湯匙，莘蒂用左手拿筷子。幾天後，我看到莘蒂在臉書上貼了當天中文課的講義、我給她的凱蒂貓本子，還有和筆記本的合照，心情狀態是：覺得充滿希望。

一週後，我和TIWA的印尼通譯麗麗陪莘蒂去醫院複診。那天她穿著破洞褲、短袖T恤，背著個印有「台灣大學」的包包。依舊是一頭精神的短髮，耳朵上別著酷酷的長耳釘，畫著上揚的眼線，戴黑框眼鏡，胸口掛著凱蒂貓圖案的悠遊卡卡套。乍看真的就是個青春亮麗的大學生，盯著台北一早的太陽。

可能因為和我還不熟悉吧，或者因為離開自己熟識的小團體，又或是複診讓她心情忐忑，莘蒂一路都十分安靜，偶爾才用印尼文和麗麗交談幾句。我注意到她左手塗著黑色指甲油，但早已不是剛塗抹好的模樣，指甲上斑駁了一片。黑色很適合她，只是，往後的日子裡，要如何再往自己的指甲塗抹斑斕的顏色呢？

醫院莘蒂已是熟門熟路，帶著我們走到診療室，照了X光，然後看診。醫生要拆掉紗布檢查骨頭的生長狀況，莘蒂背對著我們，坐在白色床邊。麗麗則在旁邊翻譯。我記得爸爸說，莘蒂的手每晚都需要有人按摩、換藥，有時候會有工人好奇想看，她都關上門不許別人看。翻閱莘蒂的臉書時，我也發現，拍照時她幾乎都會把手別在背後，或者用左手擋住右手。

那一刻，我也不知自己該不該看，怕她覺得不舒服，但又有罪惡的好奇心，最後我假裝四下環顧，偷瞥了幾眼她受傷的手。

她的手連至手臂前端，有一條很長的手術留下的疤痕，周圍的皮膚皺皺的，很像燙傷。當醫生完全揭開她的繃帶時，露出的是一隻沒有手指的手，周遭皮膚發黑，手上綁著幾根鋼釘。

確切地說，這不是手。我第一次意識到，這個女孩失去了她的右手。

因為主治醫師不在，其他醫師照當下情況討論後，決定莘蒂這週不需要「轉鋼釘」。轉鋼釘是為了把骨頭拉長，長成可以夾東西的樣子。出了診間，莘蒂表情並無異樣，依舊沉默著，手已經再次包紮好。麗麗和她開玩笑，說，這次包得很漂亮，像一個球。莘蒂沒說話，一直低著頭，用左手扣自己手臂前端疤痕上的破皮，然後試圖把繃帶上翹起的膠帶撫平，反反覆覆，明知徒勞。

麗麗去繳費，我和莘蒂坐在椅子上等待。為了打破尷尬的沉默，我試圖開展新話題。

「你平常都怎麼和兒子聯絡呀？」我問。

「都打電話。」她說。但孩子都不要她，因為她沒有照顧他。「兒子喜歡外婆，因為外婆有照顧他。」

莘蒂健保卡上的照片還是長髮，我問她，什麼時候剪的頭髮？

「上個月才剪的。」她說。

我說很好看，她開心地笑了，話也多了起來。

「以前頭髮長到膝蓋呢。」

「這樣洗頭不是很麻煩嗎？」

「不會啦，媽媽都會幫我洗頭髮，媽媽很疼我。」

「那之後想繼續在台灣工作，還是回家？」我問。

「想回家了，回去照顧小孩。」她說。

回到庇護所時，已到了吃午飯的時間，爸爸正站在門口，叮嚀要去台中就業服務站的印尼勞工明天不要遲到，錯過報到時間會被遣送。看印尼工人似懂非懂，爸爸就把嗓門拉高，又講了好幾次。幸好麗麗及時救援，否則不知道兩人要雞同鴨講到什麼時候。

「這週不用轉。」看到爸爸，莘蒂一反剛才拘謹的模樣，親暱地抱著爸爸，蹦跳著說。爸爸說：「你又可以休息一週了。」莘蒂很開心，「是啊，耶！」

爸爸回頭告訴我，每次幫莘蒂轉，她都痛得額頭上都是汗，哇哇大叫，但都不哭。

爸爸對莘蒂也是萬般憐惜，一個人喪失工作能力是多麼嚴重的事，這是莘蒂一生都無法磨滅的慘痛經歷。以前庇護所也來過好幾個職災移工，還沒完善處理好傷勢，就被要求回國，身心備受煎熬。爸爸多想對著那些不良雇主和仲介說：「會痛啊，你知道嗎？」

用過午餐，我和大家一起坐在庇護所門口聊天。那天天氣很好，彷彿過去什麼都沒發生過，彷彿未來很明亮，彷彿世界還很美好。

莘蒂是二〇一四年九月來台灣的，在家鄉除了父母，還有一個九歲的弟弟。高中畢業後沒錢上大學，於是到了婚配年齡，還沒嘗過戀愛的滋味，便受父母之命結了婚。婚後丈夫也一直在國外工作，兩人之間並沒什麼感情，丈夫也不拿錢回家，為了負擔家計，莘蒂在兒子剛滿四個月時就隻身來台工作。對於二十歲的女孩來說，能出國又能賺錢，世界彷彿真的美好得不像話。

家裡東拼西湊才有了十萬台幣付仲介費，原本要去工資比較高的工廠，不料卻被仲介帶去做許可外工作，到雇主家幫忙照顧四個孩子，打掃全家衛生，與當初簽的契約完全不同。明明付了比較高的仲介費才得到去工廠的機會的，而且工廠工資高一些，也有工時限制和《勞基法》保護，家務工卻幾乎是二十四小時待命，全無保障。二十歲初來乍到的莘蒂在異鄉語言不通，無親無故，別無選擇下，只好接受。

她向台灣仲介求助，仲介不管，最後向勞工局申訴，才得到轉換新工廠的機會。這是一間家庭企業，整個工廠只有四個人，除了她以外，還有兩名男工和一個主管。莘蒂的工作是操作沖床機，將長長的金屬板放進機台，用腳踩下開關，機器「砰」地壓下來，堅硬的金屬板便立刻被壓製成模具。主管只操作一次給她看，便要求她上工。

雖然操作沖床機很危險，但莘蒂哪有說不的權利？想著小心一點就好，出來工作總是辛苦一點，賺錢改善家計比較重要。因為這樣，老闆娘讓莘蒂加班，莘蒂就加班，她不會，也不敢拒絕。用爸爸的話來說，「一個才二十郎當歲的小女孩，沒有工廠經驗，對機台還有整個生產，都沒有充分了解，整個職前訓練都是匱乏的。」

即便加班費有時候算起來不對，莘蒂也不抱怨，繼續工作就對了。生產線上的人如同機器，機器不停，人也不能停。加完班疲憊極了，碰到枕頭只想睡覺，作為穆斯林一天五次的禱告根本無法完成。不加班時，和家人視訊聊天是莘蒂最大的休閒和安慰，即便印尼網路訊號差，兩頭總是隔著「時差」。

那天晚上，老闆娘說要趕訂單，工作了一整天的莘蒂只好留下來繼續加班。

雙手把金屬板放進機台，腳踏開關。

「砰。」

第一塊完成，可以把家裡的債務先還清。

模具拿出來，置入第二塊，腳踏開關。

「砰。」

第二塊完成，弟弟上學的費用有了著落。

莘蒂想著，盼望著，好讓自己打起點精神。

她拿起下一塊金屬板放進機器，手很痠，甩了一下，用右手把板子扶正。

第三塊，也許可以給兒子寄些台灣的玩具和零食。給自己買件新衣服也不錯，放假時看到櫥窗裡花花綠綠的時裝，和印尼的衣服到底不一樣……

每塊板子都承載著莘蒂不同的希望，二十歲的人生正要逐漸伸展開來。

「砰！」

真主，你是不是怪罪我沒有禱告？

「白白的，沒有出血，只有幾滴血。都是白色，全部沒有了。」這是機器抬起來的瞬間，莘蒂看到的，自己的右手。

莘蒂嚇傻了，呆呆地站在機器旁，直到同事扶她坐下，她才意識到自己的右手被沖床機壓碎了。「好痛，感覺整個身體的筋都崩掉了。」她哭了起來，然後什麼都不知道了。

做起噩夢的人，好像總是一個接著一個，想醒也醒不過來。在醫院的十天，莘蒂不知道是怎麼過的，也不敢和父母說，心情複雜又難過。老闆娘照顧了她兩天，仲介來看過她一次，後來便再也沒來過。更糟糕的是，仲介和雇主在她還在治療期間，就遞來一紙和解書，逼她簽字，並威脅她不簽字就要中斷她的治療。

和解書上，白紙黑字赫然寫著：「發生意外，產生所有醫療費用由公司支付，並拿出誠意協助申請勞保傷病給付，及口頭上已告知主治醫師盡量協助我們，通知我們捐贈腳、手指接回手術的手續。雇主拿出十萬元慰問金，達成和解，此立和解證明書。」「外勞專用章」就放在旁邊，蓋下紅手印，就形同一張賣身契，十萬塊換一隻右手。

莘蒂自知簽下和解書就意味著放棄一切權利，許多移工在受傷後都會被雇主以各種理由遣送回國，又談何後續治療？她當然不願意。雇主說給她兩天時間思考，莘蒂隨即向勞工局和TIWA尋求協助。

莘蒂的個案負責人舒晴說，那時趁雇主不在的期間去醫院看望莘蒂，莘蒂整個人還處在受傷的震驚中，和她解釋權益的時候也只是點頭，或者答「不知道」、「好」或

「不好」。沒有多餘的話，也沒有聲淚俱下的控訴，安靜而沉默。

勞動檢查處去現場調查，認定雇主沒有在機器上安裝安全設備才導致意外發生，而且在操作這麼危險的機器前，也沒有提供完整的職前訓練。誇張的是，竟然是勞動檢查處叫雇主快和勞工簽和解書。Susan知道後非常生氣，「這個工人受傷這麼嚴重，醫療都還沒終止，才剛開始治療，你就讓她簽和解書，這案子怎麼可以這麼處理？」勞動檢查處的人說，我們只是建議啊。「那如果雇主接受，你不是會害死這個工人嗎?!」Susan說。

事實上，很多雇主在申請到移工後，就急忙趕鴨子上架。不安裝安全設備又可以省下一大筆錢，發生職災就和仲介聯合速戰速決，把這燙手山芋丟回母國，完全不考慮勞工以後的生活保障。Susan說，從前政策沒有完善前，遭遇職災的工人，雇主可以隨意遣返，或者，只要對雇主稍有抱怨，白天發生的事，晚上仲介就把勞工押去機場送走。「外勞引進前十年，這種強迫遣返的事情，不知道多少人被這樣對待，連救都來不及救。」

我遇過的一個仲介也曾得意地告訴我，以前外勞都怕他，因為怕被遣返，「但現在就不行了。」人力仲介永遠都有好用的廉價勞動力，利潤永遠大於生命。

爸爸也一再強調「勞工教育」和「職前訓練」的重要性。外籍勞工來台灣工作，常常是欠缺職前訓練，對生產線，對機台的操作、原理、注意安全事項都認識不夠，生手就直接上陣，因為資方只要便宜、好用的勞動力。很多外籍勞工因為沒接受過勞工教育，也不知自己的權益在哪，不知道職災被檢定幾級傷害後就能得到勞保補償。《勞基法》規定，工人受到職災傷害，雇主也要給付薪水，但台灣很多中小企業都沒有善盡雇主的責任，往往會在勞工還沒充分完成整個療程時，就想方設法和解。

更絕的是，庇護所曾有一個菲律賓廠工，被機台噴出的高溫氣體燙傷右手，做完手術在宿舍休養期間，仲介卻和雇主聯合謊報他逃跑。後來警察是在宿舍帶走這勞工的。勞工氣憤地說：「我人在宿舍啊，我怎麼算是逃跑呢?!」而謊報逃跑是雇主、仲介慣用的伎倆，這並非只是個案。

後來莘蒂被接到庇護所安置，ＴＩＷＡ協助莘蒂持續治療，並與雇主打官司。這些都是冗長又痛苦的過程，庇護所一住就快兩年。

莘蒂的手總共經歷了五次手術，其間住院時間最長是九天，最短三天。第一次是緊急處理，把手上被壓爛的部分全部截肢，最後手掌還剩下三分之一。剩下的手掌有兩根骨頭，這兩根骨頭還能動；截掉後的傷口，只能讓骨頭裸露在外面，等其復原。

術後裸露的骨頭沒有足夠的肉可以將它包住，所以莘蒂又進行了第二次手術，在鼠蹊部開一個洞，把手埋進去，再把兩個地方縫合在一起，好讓她的骨頭可以長出一點肉來。那時她沒辦法自己穿衣服，安置中心的其他女生便輪流照顧她，買飯、如廁、洗澡，我無法想像莘蒂是如何熬過那段時間的。

大概一個月後，她經歷第三次分離手術，還要用腰上的皮膚去修復手上的傷口。分離手術後，醫生便和莘蒂討論接下來的手術方向，總共提出了三個方案。第一個是不做任何處理，維持現狀；第二是把腳趾切掉，接在手上；第三是把剩下可動的骨頭切開，裝上鋼釘將其拉長，但這個手術需要持續做下去，同時也是一個漫長又疼痛的過程。莘蒂不想手殘腳也殘，於是選擇了第三個方案，在手上打鋼釘，每天都要轉動鋼釘以幫助骨頭生長，並定期回診，和醫生討論旋轉的圈數、方向和頻率。

整個手術期間都是舒晴陪著莘蒂，庇護所的大家也都輪流照顧。直到做分離手術之前，莘蒂都沉默寡言，臉上沒什麼表情，只有痛的時候會皺起眉頭。那時莘蒂在台灣有個男友，是逃逸外勞，在台南工作。在莘蒂住院九天的時候，來看過她一次，兩人在病房裡相依，也許說著一些安慰、鼓勵的話，也許計劃著一些未來的事。脆弱的時候有愛人相伴，應該比任何止痛藥都來得有用。愛情裡的人，彷彿前面有山，就能移山而行；前面有海，便可製船而渡。Susan還遠遠拍下一張病房裡的他們，「落難小夫妻病房內的小確幸。」

手術之外，就是官司。在法扶律師的協助下，莘蒂同時對雇主提出刑事和民事訴訟，民事關於賠償，刑事是告工廠裡的現場指揮管理不當。現場指揮是老闆娘的兒子，現場發號施令和教導如何操作機器都是他的責任。莘蒂第一次到工廠時，仲介帶翻譯教了她一次，之後都是現場指揮在教。雖然用的是同個機台，但成品不同，工序便不同。除了沖床器未安裝安全措施外，現場主管也有沒有盡到訓練員工操作的責任。

開庭前和雇主協調很多次，但都因為金額談不攏而不歡而散。老闆娘非常歇斯底里，會自己在網路上查資料，或聽信道聽塗說，然後在協調會上悉數搬出。若ＴＩＷＡ用正確的資料回應，她便暴怒，說你們這些人就是幫外勞欺負台灣人，透過法律欺負雇主，賺取安置費用。

這些攻擊的言論也不是一天兩天了，說得好像台灣的法律都掌控在勞團手上，若真是這樣，《勞基法》修惡的仗，勞團也不用打得那麼辛苦了，動動嘴皮子就好。「賺取安置費」一說更是天方夜譚，一個被安置的勞工，政府一天補助台幣五百元，但每天都有民生用品、食物、交通花費，安置中心也要繳交水、電、網路費用和房租，還要有工作人員從北到南帶著勞工開協調會。社工人員的薪資本身就已經很低了，更何況是非營利團體？

協調五次而未果後，雙方便只能在法庭短兵相接。老闆娘堅稱，她兒子，也就是現場指揮，平常都在跑業務，沒在工廠工作。這與莘蒂的口供不一樣。法院傳來工廠內的台灣員工，和老闆娘口供一致。傳來工廠內的菲律賓和印尼勞工，與莘蒂的說詞基本上一樣。後來還傳了其他兩個已經不在同個工廠的移工，因為他們已經沒什麼顧忌，也都據實以告。證實莘蒂並沒有撒謊，機器沒有安全措施，現場指揮工作失職。

與老闆娘反覆協調的過程中，最過分的一次，莘蒂一進入調解室，老闆娘就開始歇斯底里，不願意接受要求賠償的金額，暴跳如雷。罵著罵著，竟一個箭步衝到她面前，掀開她的衣服吼道：「你是不是懷孕了？你在台灣懷孕不合法你知道嗎?!把你遣返！」莘蒂怔住了，沒有推開也沒有反抗，好在有舒晴制止。

仲介在這整個案子裡完全處於隱形的狀態，這麼麻煩的案子，最好不要找上自家門。反正莘蒂有TIWA幫忙，雇主氣勢強悍，事不關己，仲介趕緊高高掛起。不只莘蒂的案子是這樣，很多發生工傷的案子，仲介通常都會建議雇主趕緊把勞工送回家，人走了，一了百了。

仲介服務費是每個月從勞工身上扣的，絕對不會短斤缺兩也不會拖延，而服務卻是給雇主的。在莘蒂被安置期間，仲介甚至還未經本人允許，就從莘蒂的戶頭扣掉三千元。弔詭的是，莘蒂已經被安置了，仲介為什麼要扣錢？又為什麼，仲介可以不經允許就從勞工的戶頭扣錢？

其實工人來台灣時，很多仲介會幫工人刻印章，接著就可以帶著存摺去領他們的錢，根本不需要工人本人同意。勞工在仲介、雇主，乃至整個移工制度中，到底處在一個怎樣的位置？時代是不是倒退了，我們回到了奴隸世紀嗎？

官司的拉扯也把時間的跨度拉長，庇護之家的關愛讓莘蒂慢慢開朗起來，起初那個驚弓之鳥一般的女孩，漸漸變得活潑起來，除了去法院的時候，還是會很退縮。莘蒂很喜歡參加各類課程，中文課、繪畫、各類手工，庇護所舉辦的各類培力課程如畫畫、手工藝，莘蒂也都很愛參加，努力用左手畫出在印尼的家：棕櫚樹之間有一條黃泥路，通往瓦片蓋成的家；院子裡有椰子樹，爸爸會爬上去摘椰子給她和弟弟。舉辦出遊活動時更不能落下她，中正紀念堂、淡水、動物園、台中TIWA辦公室開幕，她喜歡城市裡的現代和繁榮。但每當要拍照時，也總不忘把右手別到身後。

即便以最飽滿的心接受當下的生活，但長時間的療程、與雇主冗長的官司，都在反覆提醒莘蒂失去的右手。更難的，是與家鄉的斷裂。

與三歲的兒子視訊時，兒子不願意和她說話，也不肯叫她媽媽。離散在外，缺席的母親。莘蒂更是不敢告訴父母受傷的事，每次視訊都要強裝笑顏著報平安。職災期間的薪水，雇主都會少給，或甚至分兩、三次給，最後幾個月雇主就乾脆不付薪水了。無法匯錢回家的莘蒂只好撒謊說自己生病了，但失去右手的事，還是隻字未提。有時候庇護所的其他女生看她沒錢可憐，就讓她幫忙買東西，再給她一百塊當跑路費。

庇護所的日常工作莘蒂也都堅持要做，她不想自己當廢人，爸爸心疼，總是分配給她一些簡單的活。莘蒂知道爸爸體恤，也都開心地去完成。在庇護所兩年的日子裡，來去了不少人，莘蒂也因此認識了不少朋友，週日其他移工放假的日子，莘蒂便穿戴整齊去北車和朋友見面。總是開開心心的樣子，又會在不經意間流露出茫然的神色；眼睛明亮而有穿透力，可當你把目光停留在她受傷的手，她會面無表情地看你一眼。這是她不容冒犯的尊嚴。

有次中文課莘蒂沒來上課，上到一半她才由舒晴陪著回來，進屋就躲進庇護所的管理室關上門。隔了沒幾分鐘有個快遞員衝進來送包裹，一下就推開了管理室的門，我從門縫裡看到莘蒂下意識地用左手遮住右手，手上沒纏紗布，她瞪圓了眼睛，又驚恐又倔強的樣子。受傷的手黑黑的，像是一個巨大的黑洞，吸走了她本該有的青春快樂。

每次拆開繃帶看到自己的右手，受傷的經歷就在眼前重演一次，那些寄予的希望也就再破滅一次。轉鐵架的疼是剜骨的疼，用機械把骨頭連皮帶肉拉長，好讓其長出一點什麼。這什麼也是莘蒂鑽心的疼，是失去了重要東西的疼，是對未來不知所措的疼。是還來不及張開手擁抱，青春就被打散了一半的疼。

雖然平常一副酷酷的樣子，短髮、鴨舌帽、牛仔褲，但莘蒂心裡其實住著一隻凱蒂貓。粉色系的小貓戴著漂亮的蝴蝶結，許人一個童話般的世界。她有凱蒂貓的T恤、卡套、零錢包、手機套、玩偶、筆記本，還幻想有一個滿滿凱蒂貓的粉紅色房間。

二〇一六年十二月中，我在電視上看到圓山花博公園的爭豔館在辦凱蒂貓展覽，立刻拍下來告訴莘蒂。後來去庇護所的時候問她，去看展覽了沒？她說晚上去看了，但關門了，只和展覽門口圍牆上的凱蒂貓合了影。我說那你記得隔天早點去看。第二天我又問她，去看展覽了嗎？裡面好玩嗎？莘蒂說：「早上又在展覽館附近轉了一圈，拍了照，但沒進去看展覽。」我問為什麼沒進去呀？莘蒂遲疑了一下，說：「太貴了，沒有錢。」

我上網查了，才知有那麼多種票價，莘蒂一定看不懂。語言不通又不便多問工作人員，最頂端寫著五百台幣的親子票就足以讓她卻步了，全票也要三百，對於沒有收入的莘蒂來說，不是一筆小數目。

我決定出錢帶莘蒂去，但兩人六百的價格也讓囊中羞澀的我狠不下心，接著我注意到一百五的特惠票，老人或身障者可以使用，而且陪同者還能免費進入。我心動了，但，我要讓莘蒂出示她缺失的手嗎？

還是想帶莘蒂去看凱蒂貓展覽。我和莘蒂約好了時間，一早就去庇護所接她。

那天她一樣很酷地穿一身黑，還戴了條閃亮的五芒項鍊。我注意到她特別帶了件黑外套，包住纏繞著紗布的右手，剩下的衣料垂下來，顯得輕鬆又不刻意，好像只是隨手帶了件備用的外套。

一到花博公園，就聞到空氣裡棉花糖的香氣，攪拌著清晨的霧氣。惺忪的睡眼還在尋找這糖香氣的出處，就立刻被凱蒂貓展覽的巨幅廣告板給吸引住了。板子旁有稀稀落落的人走過，大人馱著孩子，閨密挽著友伴，少女牽著情人，興高采烈地迎向那粉紅色的夢幻資本世界。我和莘蒂也走在那行列裡，看不出莘蒂的心情，但我知道自己十分心虛。

到了展覽館門口，我讓莘蒂先隨著等待的人群排隊，然後獨自去到售票處。我和工作人員說，那個女孩是我們庇護所的職災移工，非常喜歡凱蒂貓，我想買特惠票，可我不想讓她出示受傷的右手，也不想讓她知道我買身障票，但如果不行的話，那我就買兩張全票。工作人員問我她在哪裡，我說，那邊用外套擋著手的女孩。工作人員想了一下，同意了，說會知會檢票的人，讓我們進去。我鬆了口氣，檢票完立刻把寫著一百五的門票塞進口袋。終於如願帶莘蒂來看凱蒂貓展，但我心裡還是發慌，覺得自己好像做了什麼錯事。

一進門就是巨大的旋轉木馬，載著穿不同衣服的凱蒂貓。看旁邊的莘蒂，沒有我想像中歡欣喜悅的樣子，但也不是不喜歡，是一種，小孩子踏進童話世界的驚訝無措感。像哈利波特來到霍格華茲，像四個孩子從衣櫥掉進納尼亞王國。當然，這也可能只是我自以為是的想像。

在穿越一個個展覽館後，莘蒂慢慢變得興奮起來，凱蒂貓公車、娃娃機、雕塑、摩天輪，還有互動遊戲機，不過玩一次要一百五，我們還是逛展覽就好。幫莘蒂拍照，看她擺各種鬼臉，我說：「你好可愛。」莘蒂又像第一次見面時那樣，用手捂住臉，害羞地笑，「我沒有可愛啦。」玩歸玩，離開庇護所這個舒適圈的莘蒂總還是有一些戒備和沉默，不像在庇護所裡那樣，和朋友嘰嘰喳喳，或一臉可愛地和爸爸撒嬌。

展區並不大，半個小時足已逛完，我們又逛了第二次才離開。出去便是紀念品店，整排的凱蒂貓大公仔讓莘蒂摸了又摸，但每隻都是天價。莘蒂看了又看，最後她挑了雙一百塊的粉色凱蒂貓襪子，心滿意足地離開了。

回家的路上我問她，莘蒂你想媽媽嗎？她抬起鼻子壞壞地說：「不想媽媽，想小孩。看到路上的小孩，都會想到自己的小孩。」再問她，以前工廠的老闆對你壞不壞？莘蒂說：「以前不兇，現在很兇。」

後來，莘蒂離開台灣前，我又問了她幾次同樣的問題：你覺得老闆壞不壞？她從沒說過老闆很壞、很可惡，總是淡淡地回答，「還好，但是很傷心。」問她在傷心什麼，她說因為以前比較少被老闆娘罵，不像其他同事，一直被罵。沒想到發生事情後，卻變臉變成那樣。

如此簡單的理由。沒有憎恨。但會傷心。

回家後，我從口袋裡摸出那張藏起來的票根，上面附贈的遊戲券當時竟然沒發現。好可惜，怪自己當時太心虛。

●

時間像是春天溜進屋子裡的陽光，匯聚成一條緩緩流動的長河。風把窗外婆娑的樹影吹進來，又把日光攪成了氣勢磅礴的瀑，嘩啦啦灑了一地。如同莘蒂在台灣的日子，時而輕柔如溪，時而洶湧如潮。一轉眼，又一年。

一七年初，莘蒂手上的鋼釘拆掉了，情緒開始變得十分低落，她說手痛到晚上睡不著，睡不著的時候就哭。第一次聽到莘蒂主動說哭了，從沒見她哭過，她是哭哭啼啼得像個小孩，還是默默流淚似個大人呢？拆掉鋼釘的手臂前端又紅又腫，術後留下的疤痕像一條正在蛻皮的眼鏡蛇，露出半截尾巴，尖尖的頭部直往莘蒂包著紗布的右手裡鑽。

上中文課時她也不再像之前那麼積極，總是坐在那裡發呆，偶爾因為同伴的玩笑勉強笑一下，有時課上到一半便稱不舒服離開了。官司還在繼續，金額依舊談不攏，發瘋的老闆娘寄了一封又一封存證信函。右手似乎慢慢好了一些，拆掉紗布後，莘蒂便在手上套上童襪，粉色的凱蒂貓，黃色的皮卡丘。套著襪子的手像當初塞滿泥土的，圓圓的草頭娃娃。

農曆年過去，莘蒂長胖了很多。年一過，春天就來得快。庇護所計劃去陽明山郊遊，海芋花還沒開滿花田，但已經含苞待放了，在山頂縈繞的霧氣裡，像是海面上若隱若現的仙界孤島。工人們高興地四處合照、開直播。有個女孩子竟邊玩邊掉眼淚，因為之前被雇主虐待，只有陪雇主去醫院才能和人說上幾句話，現在有朋友，還能一起出來玩。還有皇昌營造和仲介聯手欺騙的一百多個營造工，其中有十人在TIWA安置，所以這次出遊的隊伍特別壯大。但莘蒂卻沒來，她很少缺席各類活動。

因為莘蒂懷孕了，而且已開了一指。

那時我才知道為什麼莘蒂變胖了，這消息讓我既震驚又緊張。那幾天TIWA的大家都很緊張，大部分的人都沒生產經驗，其中幾個工作人員也不過大學剛畢業。我小心翼翼地摸摸莘蒂的肚子，說我好緊張。莘蒂笑我，「我生baby，你幹麼緊張。」

一個即將來臨的新生命，一個嬰兒。一個嬰兒欸，莘蒂的嬰兒。

●

二月的某個半夜，莘蒂開始陣痛，舒晴和另一工作人員小柔，加上一個庇護所的印尼勞工伊達，三人緊急將她送往醫院生產。進手術室時，莘蒂痛得哇哇叫，抓著伊達的手不放開，說拜託你不要出去，醫生只好將伊達也留在手術室。剩下的人則留在外面，聽莘蒂陣陣尖叫聲。生孩子的事實在愛莫能助，好在過了十分鐘左右，孩子便順利出生了。

新生命的誕生讓大家興奮不已，莘蒂還躺在手術檯上，旁邊是燈光照著的小嬰兒，身上掛著血絲，就這樣赤條條來到人世。據舒晴回憶，大家看到小孩都說好可愛好可愛，但莘蒂躺在那邊，似乎對孩子沒什麼興趣。

生完孩子那幾天，母女住院，就由工作人員及庇護所的印尼人輪流照顧。莘蒂對孩子顯得十分冷漠，甚至連看孩子的眼神都非常疏離。護理師一直問莘蒂要給孩子取什麼名字，莘蒂遲遲未取，ＴＩＷＡ的人再問，莘蒂就笑笑用被子捂住臉。一直到孩子回到庇護所，要打出生證明的那天，莘蒂才生出一個名字。

於是這孩子總算有了名字，叫薇薇。是個長睫毛的小可愛，是個不太哭鬧、乖巧的小可愛，是個錯誤的小可愛，是個頑強的小可愛。是個讓莘蒂不知道怎麼辦的小可愛。

沒人知道孩子的爸爸在哪裡。

懷孕的事，莘蒂起先完全沒告訴任何人，漸漸隆起來的肚子，讓大家覺得奇怪，問她是不是懷孕了，莘蒂幾次都矢口否認。眼見肚子愈來愈大，便繼續逼問，莘蒂才改口說她也不知道。

不知道？怎麼可能不知道？月事沒來，也不是第一次生產，怎麼會不知道？只好叫到辦公室當場來驗。驗完，莘蒂整個人的臉色都沉了下來。

既然懷孕了，那打算怎麼辦？

莘蒂說不知道。

怎麼可以不知道呢？要如何安排自己和這個孩子呢？

還是不知道。

那找孩子的爸爸來辦公室商量一下吧？

莘蒂說好。

一段時間後，孩子的爸爸還是沒有來。又找來莘蒂詢問，莘蒂才說，實際上她已經好幾個月聯絡不到那個男人了。電話打不通，傳訊息也是不讀不回，整個人好似人間蒸發。

這次莘蒂真的不知道應該怎麼辦。職災雖然也讓她很痛苦，但還能咬著牙撐過去，現在不僅失去右手，又意外懷孕，孩子的父親不見，印尼家鄉又是保守的鄉下，未來到底何去何從？

莘蒂真的不知道自己懷孕嗎？逃避吧。要怎麼講？和誰講？講了之後，大家會如何看待她？只好一逃再逃，直到大家發現她懷孕的時候，胎兒已經五個月大了。

莘蒂不知道怎麼辦，TIWA的大家也不知道怎麼辦，又氣又急。也不是不能懷孕，但懷孕了還是應該提早說，因為懷孕的時候還在手術期間，會做全身麻醉。孕婦不能做全身麻醉，搞不好的話孩子會胎死腹中，莘蒂的生命也會受到威脅。還有便是官司，那時平均一個月會去一次法院，若要生產，便會影響到開庭。再說，懷孕終究是件大事，腹中的胎兒會一天天長大，是個有手有腳、有呼吸的生命啊。

誰都不能幫莘蒂做決定，只好一次又一次找她討論，要生下來，還是去打掉。反覆好幾次後，莘蒂決定要拿掉，因為覺得自己沒辦法照顧這個孩子。那時候醫療還在繼續，官司還沒定案，若要生孩子，手術就必須終止，官司雖然可以繼續，但不知她是否還能繼續留在台灣。

無論如何，總算是有了初步打算，於是先帶她去看婦產科。照完超音波，發現孩子「疑似」有地中海型貧血，若果真如此，嚴重的話，孩子一生下來就要吃藥，且要吃一輩子的藥，勢必是個不好照顧的小孩。說是疑似，只好轉去大醫院檢查，但還是無法確定，因為這種貧血要同時抽取爸爸和媽媽的血才能確定，可是爸爸又找不到。TIWA老實和醫生說莘蒂有拿掉孩子的打算，然而依照台灣的法律，五個月大的胎兒不能做引產手術。醫生看莘蒂是外籍勞工，又有職災，只好私下建議去外面的某間診所。

到了診所，先檢查孩子是否患有地中海型貧血。抽不到爸爸的血，只好抽莘蒂的血和羊水。報告等了一個月，孩子確定是健康的，大家稍微鬆了口氣。但問題又來了，孩子到底要不要生下來？此時胎兒已經六個月大了，私下拿掉也會有風險。

再找莘蒂來討論。一遍又一遍，大家評估現況，權衡利弊，但這個決定終究是要莘蒂自己來做，她的人生需要自己考慮清楚。討論到最後，莘蒂又決定把孩子生下來。

既然做好了決定，那接下來就是待產。官司可以繼續，但手術必須終止，因為這樣，莘蒂手上的鋼釘才被摘除。受傷處的皮膚變得皺皺黑黑的，切開的骨頭有一點像駱駝的腳，勉強可以動一下，用來夾東西。她說按下去還會感覺麻麻的。

生產那天，莘蒂既錯過了開庭，也錯過了原定的後續醫療。孩子總算是生下來了，但莘蒂還是不知道要拿這孩子怎麼辦，也不敢告訴家裡人，更迷茫的是，自己要如何與這驟然降臨的新生命和平共處、相親相愛呢？

舒晴覺得莘蒂始終還沒接受，無論是手還是孩子的事情。連續的打擊讓她無所適從，只好選擇逃避，就像只要不提手傷和未來，就可以開心地過生活，若是提了，便又不知如何是好。現在，多了個孩子，未來更像一條不知通往何處的荊棘路了。

出院後，庇護所裡的其他女生都開心得不得了，大家搶著抱孩子，給孩子洗澡。和莘蒂關係比較好，同時正在接受耳朵治療的瑪雅搬去和莘蒂同住，協助她照顧孩子。但莘蒂還是和孩子很疏離，臉上也依然帶著複雜而茫然的表情。

隨著時間的推移，莘蒂才慢慢與這孩子和解，又恢復了臉上的笑容，似乎還比從前快樂了一些。畢竟是自己的骨肉。兒子的成長她沒有參與，也不知還要在庇護所待多久，已經失無所失了，這個孩子是得，是加法，是生命和生命的加乘，靈魂和靈魂的累積。她們彼此需要，她是她生命的希望，是她隻身在異鄉的牽絆。雖然手傷的治療不得不中斷，但至少可以開始申請勞保給付了，日子還沒那麼糟。二十三歲，青春正旺，只是多背負了一些。

剛開始還需要人協助帶孩子，但莘蒂很快就能獨自照顧薇薇了。換尿布的時候，用右手支起孩子的兩條小腿，左手熟練地抽走髒尿布，用紙巾清潔，套上新尿布。穿衣服時，左手拿衣服往孩子身上套，右手就幫忙固定或把衣服往身上推。抱孩子的時候，右手更是用來支撐孩子的柱。只是洗澡還需要人幫忙，右手暫時還不能沾水，便只好由其他人代勞扶著孩子，莘蒂就在澡盆旁，一邊往孩子身上潑水，一邊和同伴笑著討論孩子的成長。

莘蒂還理了個新髮型，頭髮更短了，和瑪雅一起帶著孩子到處跑，像一個大孩子帶著一個小孩子。

帶薇薇去醫院打預防針，莘蒂把一塊大圍巾斜背在肩膀上，把孩子兜進圍巾裡，再在腰間圍幾圈固定，薇薇就穩當當地躺在莘蒂懷裡了。莘蒂左手托住孩子，右手則挎一個裝著水壺、尿布、奶嘴等必需品的小包，就和瑪雅一起去醫院了。

坐在醫院等候區，莘蒂一臉興奮地看著別人懷裡抱的孩子，再用印尼文和瑪雅討論。這種對小嬰兒的熱情，可能只有做媽媽的才能懂吧，也許是在討論其他嬰兒的長相，也許是在討論不同嬰兒的哭鬧聲，也許是討論小嬰兒身上漂亮的小衣服或小襪褓。很多嬰兒都是由父母陪同，又或和家中長輩，坐在嬰兒推車裡，被最溫柔的愛呵護著。莘蒂在人堆裡的確顯得有些不同。不僅是深膚色和受傷的手，不僅是陪同的人，怎麼看莘蒂都還是太年輕。就那樣用圍巾裹著孩子，像一個落難的人帶著另一個落難的人，但那不是悲情的，是落難時還有人相互依存的幸福。

打完針，莘蒂說要和瑪雅去買東西，回來後薇薇的頭上就綁了個可愛的頭飾。也許她們剛才在醫院討論的，就是這個呢。

孩子開始一天天長大，小胳膊、小腿變得圓潤起來，眼睛也慢慢對世界有了好奇。莘蒂不僅帶著孩子到處跑，庇護所的中文課、繪畫課，她也都帶著薇薇一起來參加。有次課上到一半，薇薇哭了起來，莘蒂就把她帶去辦公室的廚房餵奶，拿一張小椅子坐下，放下捲簾，背對著門，把掛在脖子上的凱蒂貓卡套甩到脖子後，撩起凱蒂貓T恤，給孩子哺乳，一邊輕輕拍著她的背。外面下著淅淅瀝瀝的雨，莘蒂的背影在雨聲和白熾燈的打磨下，顯得既堅韌又溫柔。

六月，入夏，荷綠迎風，榴紅噴火。莘蒂的官司終於告一段落，老闆娘為了不讓兒子因刑事案留下案底，最終同意了和解金額，而莘蒂的居留證也即將到期。一切塵埃落定，莘蒂在台灣耗時三年半的冒險也即將落下帷幕。

該去面對了，路要自己走了。莘蒂的心情必然是複雜的。

臨行的前一天我被破例允許在庇護所住一晚，因為莘蒂是隔天一早的飛機。雖認識的時日不長，但莘蒂好像是我在這趟異鄉之旅中的根，ＴＩＷＡ是土，樹從這裡長出來，往後的芽都來自這條小小的根。

離別前的夜晚日常而平靜。莘蒂收拾行李，箱子裡裝著衣物和生活必需品外，還有很多嬰兒用品，以及給大孩子的玩具、很多很多的巧克力，想必是送給兒子的。莘蒂還穿上一雙大大的高跟鞋，問我好不好看，我說你這麼穿難看死了，她噘起嘴說，是要給媽媽的。而後她像平常一樣，洗了髒衣服，掛在客廳晾。我問，衣服濕濕的要怎麼帶回去啊？她說：「沒關係，有一個箱子。」有箱子，衣服還是濕的啊。後來才搞明白，之後瑪雅會幫她寄一個箱子回去。

語言不通，我和莘蒂大部分的對話都很簡短又簡單，常常說到最後就大眼瞪小眼地對看著笑。晾完衣服，約莫也快十二點了，我躺在沙發上。莘蒂和我說：「七七，晚安。」「莘蒂，晚安。」

熄了燈，庇護所正式落入夜色中。

沒有比這更平常的夜了，沒有比這更不平常的夜了。夜的深處偶爾傳來幾聲嬰兒的「嗯啊」聲，由母親輕聲哄著，又睡著。

我做了一個真實的夢，夢裡莘蒂獨自背著薇薇，在機場出境口隨著長長人龍移動。早上人特別多，她走過去，又走回來，我們在隊伍外望著，她也望著我們。走了一圈又一圈，突然她便消失了，我們再怎麼望，也望不到她了。

莘蒂回去之後，不相通的語言更是難以聯絡，只能從臉書、別的工人那裡，以及偶爾與莘蒂的對話中，七零八落拼湊出一個不完整的景象。

莘蒂用部分賠償的錢在鄉下買了塊很大的土地，並開始蓋她自己的房子。爸爸則用那筆錢開了間小工廠。每天都有鄰居來看她斷掉的手，家裡似乎都很熱鬧，也順帶摻雜著一些閒言閒語。

八月分，ＴＩＷＡ再次去印尼探望外籍受刑人的家庭，順便去楠榜省看莘蒂和薇薇。到了莘蒂家才知道，薇薇被送走了，一時之間猶如晴天霹靂。

莘蒂一直沒敢告訴大家，其實孩子回去一週就被送養了，給雅加達一對不孕夫妻。養父母怕莘蒂捨不得又要回去，所以約定一年內不能去看。據說養父母家境不差，又是認識的人，但到底是何時決定送走，是誰決定送走的，也都無從得知。ＴＩＷＡ試圖簡單訪問莘蒂，結果莘蒂在鏡頭前崩潰大哭。在台灣還撐得住的。這一次，眼淚卻決堤了。

怨不得她，也不捨得怪她，Susan說：「一枝草一點露，生命都會找到出路的吧。」

再後來，我在與莘蒂稀疏的聊天中得知，她並沒有如願拿賠償的錢開上雜貨店，做上小生意。被家人借了一些錢出去，要不回來，卻又無法管理自己辛苦得來的錢，爭不得。她爸爸說：「你要聽我的，因為你是我的小孩。」

人生路漫漫，且戰且走吧。我想起庇護所爸爸對莘蒂說的：「以後要靠你自己囉。」莘蒂和薇薇，這兩個人，以後都將赤手空拳，去面對這世界的碾壓。

千里尋夫記

妻子

真實生活往往比電視劇更精彩，也更狗血。寧寧是這部「千里尋夫記」裡的女主角，故事背景發生在二〇一三年八月的南太平洋海域。一艘名為「和順才237號」的遠洋漁船上，六名境外漁工因不堪強力勞動，又遭受虐待，殺死了船長；為了掩蓋罪證，將輪機長也拋入大海，最後被海巡署押解回台。

這起轟動一時的海上喋血案，六名漁工分別被判十四到二十八年有期徒刑。寧寧是其中一名漁工亞諾的妻子，案發三年後她賣掉家中房子和土地，隻身來台工作，也許只是為了見她的丈夫一面。

這一面，見得著實艱難。而這一面之後，也讓寧寧面臨更多無解的難題。

寧寧來自印尼西爪哇省，十七歲就結了婚，婚後丈夫搬來和她家人一起住。一家人主要靠種田維持生計，亞諾不定期四處打一些零工貼補家用，兩人育有兩個女兒。

在大女兒即將上國中、小女兒一歲之時，家裡的開銷明顯增加，亞諾聽人說去台灣做漁工，一個月可以賺兩百多美金，而且不需要仲介費。從印尼來台灣工作的仲介費要十幾萬台幣，如此龐大的金額是寧寧一家所無法負擔的，因此不需要仲介費，又能去台灣賺錢，如此誘人的條件，讓毫無捕魚經驗的亞諾決定，去海上為兩個女兒博一個更好的未來。

誰都料不到，事情就這麼發生了。寧寧知道丈夫出事的那天，躺在床上不能吃也不能喝，甚至忘記給小女兒餵奶。未來要怎麼辦？兩個女兒還那麼小。小的什麼也不懂，大女兒已經可以理解家裡發生了什麼事，她一直哭，說很想念父親。

寧寧還記得最後一次見亞諾時，拿了兩個女兒的照片給他看。丈夫離開後就一直沒有他的消息，哪知道這消息一來，就是丈夫因為殺人罪被關進異鄉的監獄，其他具體情況一無所知，晴天霹靂。

小村莊裡藏不住消息，亞諾被關的消息很快傳遍全村。在巨大的悲痛、迷惘，以及羞恥感中，日子還是得過下去，還有兩個女兒要撫養，寧寧於是去雅加達打工賺錢。寧寧在雅加達做看護工，但薪水很低，只夠孩子們吃用，不足以供養她們上學。或是一時衝動，抑或是幾經盤算，寧寧不顧家裡反對，賣掉房子、土地，籌到仲介費，把孩子交託給娘家人照顧，毅然決然來到台灣工作。為了支撐起這個家，也為了再見丈夫一面。

然而，屋漏偏逢連夜雨，二〇一六年四月，寧寧來到台灣當看護工，合約寫著去台中照顧阿嬤，她卻被仲介帶去深山的民宿做清潔打掃的工作。初來乍到的寧寧完全不知自己身處何方，證件被沒收，雇主也禁止她使用手機，一下子與家人、外界失去了聯絡。

TIWA的工作人員也同樣在擔心失聯的寧寧。從「和順才」案發生開始，TIWA就一直在關注這個案子，主動聯絡律師了解案情，安置了「和順才」漁船上另外三名未被以殺人罪起訴的漁工。

ＴＩＷＡ之所以特別關注「和順才」這個案子，一方面是因為境外漁工聘僱制度原本就是一塊荒蠻之地——境外漁工都在遠洋漁船上，平常根本無法接觸到，而海上喋血案的發生，總有其結構性因素的存在。

境外漁工是在國外被聘僱，非由勞動部引入的移工，他們在行政上歸漁業署管理，完全不受《勞基法》保護，是移工中最弱勢的一群人。工資被剋扣是家常便飯，有時會遭受打罵、虐待，在睡眠不足、三餐不定的情況下，還要面對高強度的勞動。也許遠洋漁業的勞動文化原本就是一種打罵文化，但作為外籍勞工，根本沒有權利去平衡船長和台籍幹部高壓打罵的管教方式，時間久了，就很容易爆發，造成無可挽回的後果。

ＴＩＷＡ剛開始想要救援，雖然這六個人的確犯了殺人罪，但希望法律可以看到體制結構對他們的壓迫。後來沒這麼做，是因為台灣船長被殺，導致國族主義膨脹，在那時並非一個溝通的好時機。

另一方面，「和順才237號」漁船出事之前，ＴＩＷＡ就受理過四、五次境內漁工來申訴「和順才」的問題。「和順才」有境內也有境外漁船，而船東的妹妹就是仲介，與ＴＩＷＡ交手多次，常有薪資亂算、少算、晚給，和剋扣仲介費等惡質問題。所以，知道是「和順才」的漁船出事，ＴＩＷＡ難免特別關注。

Susan提起第一次去看守所探視這六人時的情景，仍不免感慨。想要探望他們，是因為他們跟律師反映，與家裡聯繫不上，身上又沒有半毛錢。看守所並不是我們所想像的一應俱全，買個衛生紙、洗髮精都需要自己付錢。這些漁工的處境相當艱難，他們在船上的時候都還沒領過薪水，好幾個人都說：「到了監獄，都還沒看過台幣長什麼樣子。」

第一次探視之後，ＴＩＷＡ就定期去探望這六個人，發現他們與外界的訊息相當隔絕，特別是跟家人聯絡方面。他們完全聯繫不上家裡的人，最不可思議的是，連家裡的地址都不記得了。怎麼會有人忘記自己家的地址？後來才知道，印尼真的太大了，又是由很多島嶼組成，島嶼之間分得很散，所以整個郵政系統，包括區號、地址、門牌都很亂。尤其是鄉下地方，可能地址就是某個巷子對面的雜貨店。雖然印尼很流行使用手機，但犯案以後，手機變成檢察官的證物，或者皮夾裡有家裡電話，但也都拿不回來。

在看守所的前面一、兩年都是這種狀態。ＴＩＷＡ想幫助他們聯絡家人，但又無從著手，好在後來認識了兩位也關心此案的印尼藝術家Irwan和Tita，地址和電話都是他們幫忙找到的。透過這個過程，有的漁工終於聯繫上了家人，但還是有人聯繫不上，電話打不通，也沒有回音。因為印尼很多人都用預付卡，沒去儲值，電話號碼就失效了，失效後就再換個號碼。ＴＩＷＡ一直覺得很不可思議，為什麼聯繫起來那麼困難呢？他們出事，家人也不知道，只知道很久沒有音訊了。

最絕望的時候，一名漁工甚至說：「你不要幫我找了，不用再幫我和家人聯絡，就讓他們當我已經死了。」

為了幫六名漁工聯絡上家人，ＴＩＷＡ決定當信差，在二〇一六年二月前往印尼，和兩位印尼藝術家的工作團隊一起，挨家挨戶幫六名漁工尋找家人，將口訊帶過去，再將家人的訊息、信件、照片帶回來。六個家庭的經濟狀況都不好，有幾個家庭甚至家徒四壁，客廳裡什麼也沒有，鋪一張草席，大家就坐在地上看電視吃東西。探訪亞諾家時，ＴＩＷＡ才得知亞諾的妻子在雅加達工作，並準備申請台灣的工作。

約莫四月的時候，寧寧即將來台，透過印尼藝術家，ＴＩＷＡ和寧寧在臉書上取得聯繫，給了她TIWA的聯絡方式，希望日後能協助她去監獄探視。寧寧來台之後傳過一次簡訊給TIWA的工作人員，說已經到台灣了，但在哪裡她自己也搞不清楚。傳完簡訊後就沒了音訊，臉書不回，手機也不接。過了一個月左右，寧寧又傳來一通簡訊，說她在一座山上打掃房子，沒有照顧病人。然後人又不見了。後來TIWA才知道，寧寧沒手機，是用鄰居移工的手機傳的訊息。

亞諾知道妻子要來台灣的事，非常期待，還請TIWA工作人員帶口信給他的妻子，「要多打電話回去給孩子，好好照顧身體，我想你。」沒人敢告訴他，TIWA與寧寧斷了聯絡。Susan回憶，「真的很像從遙遠的地獄傳來一個簡訊，說自己在哪裡，但很難主動聯絡到她。」

就這樣經過三個月，兩、三通簡訊來回，TIWA才又收到寧寧的訊息。她向同鄉買了一支舊手機，但上班不能開機，只能私底下偷偷用。寧寧說，她被帶到一間山上的民宿，她以為是高雄，其實是台南，在山上要做民宿的工作，打掃、煮飯、整理床鋪。她不想待在那邊，因為在那裡沒有自由，也不可能去探望亞諾。TIWA要她想辦法告知民宿的地址和名字，她就拍來了地址，在台南的某座山上。

很明顯雇主違法了，寧寧在做的是與合約內容不符的許可外工作。家庭看護工最常遇到這類問題，原本的工作明明是照顧老人或病人，卻被帶去做許可外工作。一名看護工的月薪是台幣一萬七，不受《勞基法》保護，幾乎是二十四小時待命，有這麼好用的廉價勞動力，有些雇主當然要「善盡其用」。有時為了方便控制這些移工，仲介會教雇主不要讓移工使用手機、獨自出門，或和其他人接觸，以免「學壞」，簡直形同軟禁。

雇主違法，移工可以打一九五五申訴，但如果勞工局無心營救，雇主就會知道工人申訴。然而，很多時候許可外工作很難查證，縱然寧寧拍了一些民宿房間的照片，卻沒辦法拍到她在民宿裡面工作的證據，雇主完全可以辯駁是帶她去台南度假。

一方面為了避免節外生枝，另一方面也出於對「千里尋夫」的寧寧的私心，ＴＩＷＡ決定親自去台南民宿救寧寧出來，同時也為許可外工作取證。

去台南之前，ＴＩＷＡ了解到，寧寧並非每天都在民宿工作，有時週一到週四會回到台中雇主家，但也不是照顧老人，是當幫傭做家務；週五到週日民宿住客多，則被帶去民宿幫忙。ＴＩＷＡ與寧寧確認好營救時間，並告訴她工作人員會穿什麼衣服，以便彼此相認。由於語言不同，還要透過通譯人員在辦公室以簡訊的方式和兩邊溝通。

那間民宿真的非常偏僻，若是沒仔細看路，就會不小心錯過某條上山的路，到了山上，又只有一條很窄的路可以通往民宿。終於到了民宿，TIWA讓通譯發訊息，告訴寧寧他們到了，車子停在哪個停車場，等下要想辦法去那裡。

進入民宿的落地大門，一樓是大廳，右邊有一排長條木桌，左邊則是用餐的地方。TIWA的工作人員裝成遊客進入，並到處拍照，拍下寧寧工作的照片作為日後證據。寧寧也認出了工作人員穿的衣服，確定是TIWA的人來了，但她不敢相認，因為民宿大廳內到處都有監視器，老闆娘就坐在櫃檯內，她的一舉一動雇主都看得到。

無論寧寧還是TIWA工作人員，大家都十分緊張，心裡的弦緊緊繃著。TIWA工作人員坐下點餐，寧寧過來送餐，但彼此都不能說話，假裝不認識。送完餐點，寧寧就躲進廁所看訊息。通譯問她，等一下有什麼機會可以離開大廳？寧寧說，離開大廳的時候，就是要去一個涼亭下面的洗衣房洗衣服，那裡同時也是一個停車場。TIWA的車剛好停在那邊！於是TIWA工作人員請通譯告訴寧寧車子的外型和車牌號碼，車門沒鎖，下去時趁沒有人就趕緊躲進後座趴下來。而TIWA工作人員只要看到她離去，就立刻去結帳。那是唯一可以帶走寧寧的機會，只有去洗衣服的時候，寧寧才能脫離雇主的視線。

結完帳，TIWA工作人員立刻回去停車場，寧寧已經躲在裡面了，汽車發動，火速離開。大家都好緊張，怕被雇主發現追上來，因為只有一條很窄的山路，如果雇主發現，騎摩托車，一定會被追上。直到匯入車流後，大家才鬆了一口氣，趕緊讓寧寧打一九五五申訴，以防被通報為逃逸外勞，再一路驅車回到台北。

「很像一個綁架的過程。」TIWA的工作人員提起營救過程時這麼形容。這也是無奈之下的舉動，但若不這麼做，寧寧即便打一九五五申訴，案子也未必可以成立。若不成立，寧寧在雇主家的處境也許變糟不談，更是不知道要到何時才能見上亞諾一面。

寧寧住進庇護所，雖然暫時「自由」了，但要見丈夫，還沒那麼容易。不論如何，總算離丈夫更近了一點。

即便還見不到丈夫，至少要讓丈夫安心。在庇護所的第一個晚上，身體和精神還沒整頓好，寧寧就趴在床上，一邊流眼淚一邊給亞諾寫信。那些怨啊、念啊，無以為繼的愛情。第二天，Susan到庇護所值班，寧寧遞來滿滿的六張信紙，Susan趕緊去郵局排隊掛號寄出，「亞諾收到這封信，不知會有多高興，又有多感傷。」

這封信寄出去，包括亞諾在內的所有人，都可以稍微放心一些了。經歷這麼一場冒險，不知在庇護所裡，寧寧都在獨自想些什麼。是否在腦海裡想過千百種再次見到丈夫的情景？要說些什麼，做些什麼，他現在是什麼模樣……思念中，也還帶著一些怨。刑期二十二年，想著從前、現在和未來，愈是想就愈是想不得，眼淚也愈是止不住地流下來。

沒上過遠洋漁船的人根本無法想像在海上極目四望，海水蒼茫無邊的困苦，也無法想像承載著漁獲壓力、孤注一擲的小船上，人性的猙獰和扭曲。寧寧更想不到，向來溫和、喜歡寫詩，與她共處了十七年的丈夫如何成了殺人犯。

歲月慢慢滲入記憶，讓丈夫的五官變得模糊起來，她只記得他很好看，每當看著孩子們的照片，寧寧更是從她們臉上確認了這一點。尤其是五歲的小女兒，長了一頭洋娃娃般的捲髮，深邃的眼睛，厚實的唇，給她一塊巧克力，可以把陰天都笑藍。

想到孩子，寧寧就止不住眼淚。什麼時候才能再見到她們？什麼時候才可以寄回一個滿是巧克力的包裹？

事情還沒完全解決。寧寧的地址是登記在台中雇主家，所以理應由台中勞工局出面處理勞資爭議案，哪知台中勞工局做了初步訪談後，推說許可外工作在台南，應當由台南勞工局調查處理。但台南勞工局認為訪談在台中已經做過了，應該繼續處理，況且寧寧的地址登記在台中，本就該由台中負責。而台中勞工局認為沒有開協調會的必要，想讓勞方、資方兩邊聊一聊，就把事情解決了。

寧寧的個案負責人靜如堅持要開協調會，把爭議的細節白紙黑字記下來。這個過程拉扯了很久，許可外工作跨區，兩個勞工局互相推諉，最後靜如發了一紙公文到勞動部，才確定由台中勞工局負責。

很多勞工因為申訴而被緊急安置，都需要再回雇主家拿行李，這時往往會被雇主刁難，寧寧也不例外。靜如和通譯麗麗帶著寧寧再一次回到台南的深山，畢竟民宿地點偏僻，擔心屆時會發生衝突，希望有當地警察出面陪同。到了警局，只有兩個警察在值班，他們說其他人去巡邏了，堅持要等巡邏的人回來再說。等了很久，巡邏警察才回來，載著她們上山前往民宿。當時ＴＩＷＡ工作人員找了很久的路，警察熟門熟路，一下就到了。

到了民宿，仲介和雇主都在現場，浩浩蕩蕩一票人等在那，雇主、雇主的兒子、阿嬤、女仲介，以及三個很壯的黑衣男，當時還以為是黑道，後來才知道也是仲介公司的人。靜如說明來意，卻被攔在門口，雇主說要拿行李可以，但只有寧寧可以進來。見這陣仗，寧寧自然害怕，說沒有人陪就不上去。堅持了一陣子，雇主主動上來和寧寧熱絡，「好想你哦，好久不見哦！」寧寧其實還是緊張，但也接上了她那個熱絡的狀態。

雇主說寧寧的行李在大廳裡的一個房間，但那房間不在靜如和麗麗看得到的範圍。雇主堅持只能寧寧一個人進去房間拿行李，為了可以快點拿到行李離開這個地方，寧寧只好硬著頭皮獨自進去。

寧寧進去收行李的時候，靜如和麗麗就在外面的大廳等待，女仲介佯裝和雇主兒子講話，卻句句向靜如挑釁。靜如不以為意，畢竟同樣的話早已聽了千萬遍，無非是：

「你們這些人權團體，不就是為了要賺錢，還要挑撥人。」「為了利益糟蹋台灣人。」「你們這些人權團體，噁心。」聽多、聽久了，耳朵裡就長了繭，也就懶得動氣了。

東西收拾了好久，也不知道雇主在房間裡和寧寧講了什麼，好長一段時間後，寧寧才從房間出來，面色慌張，而且行李也還沒拿出來。雇主假惺惺地說還想和寧寧聊一聊，要靜如她們離開。反正雇主也不讓她們進去，她們就站在門口等。雇主其實也沒真的和寧寧聊到什麼，不過是想拖延時間，不讓彼此好過。

天色漸晚，從山上回到台南火車站，再回去台北，還有好長的路。靜如表示要離開，女仲介見狀又扯起嗓子開罵，靜如不耐煩地說：「對對對，你們說的都對。」接著黑衣男也插進來一起罵，TIWA完全成了他們的眼中釘、肉中刺。後來起了一點衝突，好在有警察在，也不怕他們動手腳，雙方又僵持了好長一陣子，才終於得以離開。這趟拿行李之路是一趟漫長、沒有效率、讓仲介和雇主發洩的過程，而緊張的寧寧應該這輩子都不想再來這個地方了。

不久後，就在台中開了協調會，簡直又是拿行李那天的翻版。雇主還是千方百計地拖延時間，擺明了違法卻要硬拗，還對寧寧說：「我們對你這麼好，你不在我們會想你。」不是真的想念，而是寧寧離開，雇主就失去了一個「外勞配額」。為了這個外勞配額，很多雇主不會輕易同意勞工轉出，只要雇主不同意，勞工又沒足夠證據證明雇主違法，勞工就不能轉換雇主，這就是移工制度中最被詬病的「不能自由轉換雇主」。

最後總算把轉換程序搞定，把薪資加班費算好，雇主又聲稱自己忘記帶錢，勞工局的專員也看出雇主故意拖延，就告訴她樓下有提款機。「光是把算出來的數字具體化為一筆錢，就花了半到一小時，才劃上句號。」靜如回憶說。

終於可以去見丈夫了嗎？還沒那麼容易。

此時寧寧已經來台灣四個多月了，還沒能見上丈夫一面，對家鄉和女兒的思念讓她更加壓抑痛苦。勞資爭議案雖然解決了，但還需要花時間找工作，能不能找到新工作也是未知。安置期間不能打工，無法寄錢回家的寧寧還要承受來自娘家的壓力。她母親說去台灣工作好像很多問題，那就乾脆回印尼，趁還年輕，改嫁算了，至少還有個人養。但是，已經賣田賣地來台灣了，丈夫還沒見到，也沒賺到錢，怎麼能就這麼回去？兩個女兒又要怎麼辦？

亞諾被判刑定讞後，就從看守所轉進監獄，因為是四級受刑人（註），只有三等親才能會客，ＴＩＷＡ去探視也是透過公務會面。在需要證明寧寧是亞諾的妻子時，又遇到了麻煩。印尼的身分證不像台灣，背後有配偶欄，而寧寧在台灣的居留證上也不會寫。來台灣前，寧寧的重要證件，包括戶口名簿、結婚證書、高中畢業證書等，也都抵押在印尼仲介處。這又是仲介制度一個不合理的地方，透過境內、境外雙重管控，把勞工綁死，動彈不得。

ＴＩＷＡ與寧寧的家人商量，費了好大周章，才從仲介公司那邊拿到寧寧和亞諾的結婚證書影本，寧寧的大女兒再用拍照的方式傳來。但手機像素低，傳來的照片模糊，

註　受刑人分為四個等級，受刑人須從第四級開始，依特定項目之表現累積積分，以升上更高級別。

字都看不太清楚，和獄方商討了好一陣子，才終於通行。此時已是九月中旬，寧寧與丈夫分別將近三年半。歷經五個多月的尋夫記，從西爪哇到雅加達，再一路從台南到台北，這一天，終於要來了。

台北監獄位於桃園龜山區，寧寧在TIWA工作人員的陪伴下，從台北坐火車到桃園，再搭十五分鐘計程車，抵達北監。

只剩一道牆了，牆的那邊，就是日夜思盼的丈夫。這高牆之內，關押著各類受刑人，燒、殺、搶、掠是我們對「壞人」的第一印象，而「罪有應得」是我們對司法最高的信任。寧寧的丈夫便是這高牆之內「罪有應得的壞人」。然而，他也是丈夫，是父親，也有痛苦，有無奈。這鋼筋水泥的高牆和一望無際的大海並無分別，同樣是孤島，同樣是絕望，同樣把寧寧和亞諾這對夫妻隔在命運的兩頭。

會客前先要登記，並遞上裝在塑膠袋裡的會客菜，那是異鄉人的家鄉味，但獄方不許食物裡有湯汁，大家只好忙亂地處理掉。登記完便是等待，等待輪到自己的那一個梯次。九月的桃園還十分燠熱，兩台大電扇在大廳的天花板上若有似無地轉著，沒帶來涼意，反而把熱浪一波又一波地推向等待中的人，愈吹就愈是焦躁。寧寧正對登記處坐著，接見室就在登記處的右邊，一道窄門，很像過安檢時的安全門。門的旁邊是一台電視，播放一些無關痛癢的新聞，並播報著時間和梯次。

門打開了，上一個梯次會客完的人從裡面走出來，下一個梯次的人開始排隊等候。門邊有個員警檢查他們手裡的接見單和證件，等大家全部進去後，門再次被關上。電扇繼續推送著熱浪，電視繼續播放著新聞，螢幕上的梯次又往後排了一個數字。

誰都無法揣度寧寧此時的心情。將近三年半的思念與怨恨，凝聚成此時此刻的等待，緊張又期待。

約莫十五分鐘後，接見室的門再次打開，從門裡就能看到裡面的鐵網和窗戶，左邊一排，右邊一排。而亞諾，就坐在門一打開就能看見的接見窗口前。他從裡面看出來，寧寧從外面看進去，四目相接，千頭萬緒。寧寧走進去，坐下，電話鈴響起，兩人拿起電話，相顧無言，唯有淚千行。

這場尋夫歷險記終於告一段落了。十五分鐘的見面，問寧寧講了些什麼，寧寧說兩個人都一直哭，說很久不見，問彼此過得好不好，小孩過得好不好。

我第一次見到寧寧時，不知道她是亞諾的妻子，只知道庇護所安置了一個不遠千里來台灣尋夫的女子。那是二〇一六年十一月，太陽沉得特別早，每次教完中文課已是暮色四合，天邊的最後一抹雲霞擦過小四惺忪的睡眼時，工人們便陸續開始用晚餐。寧寧總和莘蒂一起，兩人閒散地談著一些姊妹事，又各自懷著心事。庇護所的其他印尼人並不知道寧寧的丈夫在監獄，她不願別人閒言閒語。寧寧膚色偏白，五官清淡，講起話來也是淡淡地。除了提到小孩，其他時候的神情總是寡淡得毫無破綻，是這樣的謹言慎行。

那時也是「拒砍七天假」抗爭最高潮的時候，勞工團體號召七人在立法院門口展開第二次絕食行動，對抗原本的週休二日改以採取「一例一休制」。作為在同一片土地上工作和生活的移工，爸爸帶著庇護所的大家紛紛前去為絕食者打氣。絕食棚前，寧寧給我看了她兩個孩子的照片，大女兒和她長得很像，頭髮又黑又直，眼角微微向上揚起，帶著淡淡的笑容，小女兒則是一頭捲髮，大大圓圓的眼睛笑得天真無邪。

「好可愛，她們的爸爸呢？」我問。

寧寧說：「爸爸很早就離開了。」

我進一步試著問：「不是亞諾嗎？」

寧寧露出驚訝的表情，隨即靦腆地用手指抵著嘴，做了一個「噓」的動作。

她說：「你竟然知道，庇護所的別人不知道，要請你保密哦。」

我說當然，回去的時候她和孩子們視訊，還讓我和可愛的女孩們打招呼。

十二月時，寧寧找到了新工作。在她離開庇護所的前一天晚上，我問她之後的打算。她說，工作了就可以有錢給亞諾，可以去看亞諾。還說到在印尼的小孩，「孩子們很想我，想爸爸。」說著就忍不住哭了起來。我們用中文加Google翻譯簡單聊天，寧寧說著一些像碎片一樣的句子，「等亞諾出來，他都六十了，都是老頭了。」「孩子們長得很像亞諾。」「在這些獨自的日子裡我很難熬。」

隨後我和這幾個印尼女孩出去散步，大家雞同鴨講，比手劃腳，沒話說的時候就各自滑手機，手機是她們與家鄉最重要的連結。寧寧一直拿著手機邊走邊和女兒們聊天，還會不時回頭告訴我孩子們的近況。大家聊天的時候熱烈，沉默的時候又顯得那麼寂寞。

路上偶遇一個尼姑在化緣，寧寧可能以為是討飯的，往前走了幾步又回來，把手中的硬幣全數給了她。寧寧看上去很高興，彷彿因為這一點善舉，可以讓亞諾早一點出獄。

漁船

「和順才237號」漁船是蘇澳籍的延繩釣魚船，於二〇一三年一月十八日中午前往距台灣六千海里外的南太平洋海域作業。船上總共有十一個人，一名船長、一名輪機長，其他九名漁工全部為境外聘僱。帕瓦、迪卡、阿吉、烏曼、伊凡原本就在船上，也較資深，其中帕瓦在船上最久，已經在做第二份合約了。另外四人亞諾、阿定、索薩、安迪則是新進漁工。境外聘僱的漁工不能在台灣土地上停留，所以這四個人下了桃園機場就直接被仲介帶到船上。

「和順才237號」屬中小型漁船，空間狹小，所有外籍船員只能擠在一個艙內睡覺。

漁船在海上航行了半年，於七月十五日下午三點半（當地時間七月十四日晚上十點半）在南太平洋海域開始下釣繩作業。當時烏曼在駕駛台下方清理漁獲，伊凡、安迪、索薩在漁工艙睡覺，輪機長在機艙寢室睡覺。帕瓦、迪卡、阿吉、安迪和亞諾則在後甲板下釣繩。

船長發現「和順才237號」附近有其他漁船在作業，船長很生氣，因為漁工沒有告訴他附近有船隻，如果距離太近，會產生絞網問題。於是船長跑到後甲板責罵帕瓦。根據判決書上帕瓦的證述，船長一直用台語罵「你沒跟我講」、「你看到船仔沒跟我講」、「雞巴，你沒路用，幹你娘雞巴」，又用塑鋼材質的浮球丟帕瓦，打帕瓦耳光，扯迪卡的頭髮。

長期在海上工作讓每個人壓力和火氣都很大，船長完全沒想到做最久的帕瓦會突然瘋狂反擊，用拳頭和浮球攻擊船長頭部。船長倒地，帕瓦又喚迪卡去幫忙，兩人繼續用浮球攻擊船長。浮球破裂了，再換一個浮球繼續攻擊，最後船長倒坐在後甲板上，身體和頭部大量出血，甲板被染了一片紅。

在帕瓦和迪卡兩人攻擊船長的時候，阿吉趕緊跑去告知其他漁工，並與其他人一起返回事發現場。帕瓦知道自己闖大禍了，唆使在場的人一起將船長抬起來丟進大海。幾個資深漁工沒反應，四個新進漁工因為目睹暴力攻擊事件，從沒見過那麼多血，又欠缺處理傷患的經驗和能力，身處急迫的環境壓力以及恐懼感之下，就聽從了帕瓦的話。幾個人包括迪卡一起將船長抬起，自船尾處丟入大海，安迪則是幫忙移開擋住眾人的障礙物，一個白色圓桶。

關於落海前船長是昏過去了，還是已經死亡，漁工們眾說紛紜，但最後法院根據漁工的證詞，認為船長在落海前還未死亡，四個幫忙的新進漁工就從「拋屍」變「殺人」。

船長死了，船上還有一個輪機長，帕瓦擔心輪機長醒來以後發現此事，對他們不利，乾脆一不做二不休，對四個新進漁工說「我剛剛已經打船長了，剩下輪機長是你們的事了」、「把輪機長處理掉」等話，教唆四人去殺害輪機長。

要如何去揣摩當時那四個人的心情呢？在那望不到陸地的茫茫海上。帕瓦是船上最資深的漁工，雖然平時大家感情很好，可畢竟帕瓦也算是個小工頭，大家都會聽他的話。剛才四人又親眼目睹了帕瓦殺害船長的情景，如果自己不照辦，會不會也被丟進海裡呢？但，真的要殺掉輪機長嗎？殺人是有罪的啊。輪機長平時脾氣很好，對大家也都很照顧，不像船長，如果抓不到魚，就會罵人、打人。每個人都被船長打罵過，索薩記得六月時，曾被船長用竹竿前面裝有鐵鉤的工具丟，嘴角和眼角都受傷了。輪機長從沒打過人，就算船長叫他打，他嘴上說「好、好」，實際上也不會動手，是脾氣那麼好的人。

判決書上寫著亞諾說過的話：「帕瓦叫我們四個新來的去處理輪機長，他說方法隨便我們，我那時跟他們說我不要，輪機長人很好，我不忍心。」但船長已經死了，剛才也幫忙一起把船長丟下海了，怎麼說自己都逃不了關係。接下來要怎麼辦呢？還是要活下來啊，要回去印尼啊。

四個人做了這輩子最錯誤，也最矛盾的決定。

輪機長在當地時間晚上十一點半起床走出機艙寢室後，被四名新進漁工圍住，阿定、亞諾和索薩將他壓制，並強行抬起他的身體要往船外扔。輪機長被丟出船外後，緊緊抓住右側船舷的欄杆，安迪上前用腳踩踢他抓住欄杆的右手。輪機長因體力不支，最終落海身亡。悲劇釀成，覆水難收。

船長和輪機長被殺害之後，船上只剩下九名印尼籍漁工，帕瓦召集所有漁工清理船上血跡，經討論後決議將漁船開回印尼。第二天，帕瓦和阿吉破壞了船上的通訊設備，以避免漁船被追蹤。船主經由網路系統發現漁船沒有作業，而且航行路線也偏離原來軌跡，撥打船上衛星電話卻無法接通，遂於七月十八日報案。八月二十日，「和順才237號」由海巡署指揮的「巡護七號」和「巡護八號」將漁船上的九名漁工押解回台。

回台那天，被害人家屬一早就等在蘇澳港，舉著遺照跪在岸邊痛哭，漁船一靠岸，便憤怒地抓著漁工打。「和順才237號」，載回了所有人的悲劇。

案子還沒審理好，各大媒體便紛紛添油加醋，講解案發時的情境。台灣船長被印尼漁工殺害，民族仇恨四起。

二〇一五年七月二十八日，高等法院二審宣判，維持一審的判決：帕瓦被控共同殺害船長，判刑十五年，教唆殺害輪機長判十五年，兩罪合併執行二十八年。由於主謀是帕瓦，迪卡被控傷害、共同殺害船長，判刑十四年。阿定、亞諾和索薩被控聽命於帕瓦，共同殺害船長和輪機長，兩起犯行各判十二年，合併執行二十二年。安迪被控聽命於帕瓦，共同殺害輪機長，判刑十二年；船長的部分，因為只能證明他搬開了甲板上的障礙物，以幫助殺人罪判刑六年，合併執行十七年。其他三名漁工，伊凡未被起訴，烏曼被起訴的毀損罪不成立，阿吉則以毀損罪判刑三個月。

同一艘漁船，每個人的命運卻是一線之隔。如果站得遠一些，沒有搬運屍體；如果被威嚇的時候，沒有被震懾到；如果事發時，自己不在那裡；如果那天附近沒有其他船隻，如果船長沒有打罵誰；如果上了其他漁船，如果沒有來台，如果不存在漁工境外聘僱制度……

漁工的境外聘僱一直處於灰色地帶，同時也是政府為剝削敞開的大門。

境內和境外聘僱有著天壤之別，境內漁工至少能受到《勞基法》保護，若是遇到問題，可以打一九五五向勞工局申訴；境外漁工卻不受到任何台灣法律的保護。事實上，他們處於一個「三不管」地帶，台灣政府和移工母國政府都不管，即便想管，在茫茫大海上也沒辦法管。因為這樣，在海上遇到任何問題都求助無門。

境內漁工的引入法源是《就業服務法》，由勞動部管理，而境外漁工引入的法源是

《漁船船主在國外僱用外籍船員作業應行遵守及注意事項》（後文簡稱《注意事項》），由農委會漁業署管理。《注意事項》裡提到，引入境外漁工是「因船員缺乏，致難以維持作業時，依本注意事項規定在國外僱用外籍船員補充之」，弔詭的是，台灣有全世界規模最大的遠洋漁船艦隊，船數達一千五百多艘，這還不包括掛其他國家國旗的「權宜船」（註），遠洋漁業產值四百多億，居全球前三位。如此龐大的海上工廠，卻因缺乏船員而難以維持作業，這又回到了到底是「缺工」，還是「缺乏廉價勞動力」的問題。

二〇〇一年十二月，中國大陸因為台灣漁船上的勞動環境惡劣、薪資低廉、剝削嚴重，全面暫停對台輸入漁工，廉價又好用的東南亞漁工便逐漸成為支撐台灣遠洋漁業的工具。

《注意事項》第四點：「漁船船主或仲介業者與外籍船員簽訂僱用契約者；其契約應載明下列事項：（一）契約期限。（二）費用項目及其金額。（三）船員之送返事項。（四）違約之損害賠償事項。（五）投保商業保險種類及金額。（六）雙方約定應遵守事項。（七）其他權利義務事項。」

從這裡可以看出，境外聘僱的漁工不像境內漁工，有最低薪資的保障，他們的薪資多少、如何給付，全由雇主決定。很多漁工往往連合約都沒時間看便上了船，做白工的也大有人在。雖然為了因應歐盟在二〇一五年對台灣漁業過度捕撈發出黃牌警告，政府於二〇一七年規定境外漁工的薪資每月不得低於美金四百五十元，但實際上並沒有人力、預算和查察機制去落實。

「和順才」案的判決書上，記載著漁工們的薪資以作為量刑的判斷之一，「被告迪卡等印尼籍漁工待遇極低，海上工作及生活環境惡劣、艱困……在『和順才237號』漁船長期從事遠洋漁業之繁重工作，睡眠時間極少，又必須忍受在狹窄漁船上多人共同生活，及風俗習慣不同、與船長及輪機長語言溝通困難之海上異鄉生活，其等每月實得款項竟只有每月美金一百一十元至一百六十元不等，折合新台幣不過三千多元至四、五千多元之譜，其等家庭經濟條件之惡劣與遠渡重洋受僱他鄉之不得已情狀，可見一斑。」

註　船主因成本考量或其他需求，向其他國家登記註冊，並懸掛該註冊國國旗之船舶。

《注意事項》第五點：「漁船船主僱用之外籍船員，應符合下列資格：（一）年滿十六歲。（二）持有外籍船員所屬國家（地區）所核發之有效旅行身分證件，但因漁業合作在他國專屬經濟海域作業者，得以船員證為身分證明文件。（三）曾受僱於台灣地區漁船船主，於受僱期間無違法行為或打架、怠工、無故離船、無法工作等不良紀錄者。（四）持有外籍船員所屬國家所核發之有效無犯罪紀錄證明文件。」

也就是說，要成為境外漁工沒有任何門檻，只要有旅行身分證和船員證就可以了，而印尼仲介是這些文件的造假高手，很多漁工毫無捕魚經驗就上了遠洋漁船。「和順才」案的幾名被告漁工中，除了帕瓦和阿定有過捕魚經驗，其他人都沒有漁船經驗，亞諾先前在家種田，索薩在建築工地工作，安迪則在社區收垃圾。

一上船就要面對高強度的工作，船上的工作型態又非常人可以想像，加上語言和文化不同、海上勞動環境惡劣、作業時間長（「和順才」案的漁工，作業期間每天只有兩小時的睡覺時間）、台籍幹部和漁工之間的收入和階級差異巨大，若又以打罵的方式管教漁工，高壓之下，海上喋血案很容易發生。

行政管理方面，船主只需在外籍船員在國外港口受僱上船後的十五日內，向漁業署登記即可。截至二〇一六年底，官方的統計數字是約一萬六千名境外漁工，但真實數字遠不只這些。漁工一旦在境外上了台灣漁船，根本沒有人可以追蹤到他的動向，船主也可以完全不向漁業署登記。假設一名漁工從印尼上船，船長用完這個人，就把他放在緬甸某個港口，或者在海上轉讓給其他漁船，漁業署或台灣的任何機構根本無法查察，那誰來保障這些漁工的權益？

在海上，即便死了一個外籍漁工，也不是什麼大不了的事情。漁工如果「失足落海」或「因病過世」，更是沒有人會為這條生命負責。Supriyanto的案子就是最好的例證。（註）

在勞動力輸出的過程中，最窮的人往往做漁工，因為做漁工要支付的首筆仲介費較其他行業便宜。而更窮的人，就只能做境外漁工，因為他們不需要負擔任何成本，只要今天說好願意上船，明天就可以上船，仲介會幫忙弄好文件，收取少量費用，但其他

註　二〇一五年八月，印尼漁工Supriyanto疑因在台灣的遠洋漁船上受虐而死於海上。

事情一概不予負責。

從ＴＩＷＡ的角度來看，漁工在船上如果遇到薪水沒發、被仲介騙，甚至被打罵、虐待、失去生命，這些勞工根本無法被保護到。因此ＴＩＷＡ試圖提出廢除境外聘僱制度，避免「和順才237號」這樣的悲劇再度發生。然而，ＴＩＷＡ在走訪印尼勞團時，卻遭到反對，原因是若斷了這條路，那印尼最窮的人就更沒有機會了。最窮的人沒有選擇，只有拿命來賭。而這條命，也許遠沒有漁獲值錢。

縱然殺人有罪，「和順才」案的六名漁工也付出了失去自由的代價，然而這背後不為人所見的，是真正殺人不眨眼的，吃人的制度。

丈夫

給七七，在晚昏的床上：

我希望你過得好，常常得到你想要的。你寄給我的信，我讀了，我很感謝你在我自由被鎖住之時，給予我關心。你寄來的信讓我驚喜，因為我很久沒收到信了。我每週都會寫信給我的父母、孩子、妻子，但都沒收到回信。我不會傷心，也不會覺得他們不好，但我真的每天都在等待回信。我寄出去的信都很長，但到了這一秒，都沒有等到回應，這讓我感到很空虛。不管我們是否見過面，謝謝你對我的關心，我很幸福，還有你和ＴＩＷＡ對我的關心。

你還認識我的妻子寧寧，但我不知道她現在在做什麼。你說寧寧很甜美、很好心，但正是因為她長得太甜美，卻讓我感覺到害怕。我害怕很多人喜歡她，而把我丟下，留下我一顆空洞的心。像我這樣的情況，無法在她身邊，我相信她的忠心會一點一點流失。當然我也有想到，因為上一次我們談話時感覺怪怪的，但我能怎麼辦呢？那是她的權利。愛是從心裡最深的地方長出來的，然後會對那個人產生許多的思念。如果有愛，就會想到那個人，會好想好想見到她。雖然我想見她，現在卻只能舔手指，因為我知道這是不可能的事了。如果她有來，就表示她還愛我，如果她沒來，那就是把對我的愛都丟了。我很累，想到這份愛就很累。長時間的等待，我需要安心和平靜。

七七，你還從寧寧的照片那見過我兩個女兒，你說我的兩個女兒很漂亮、很可愛。這兩個女兒是我現在還擁有的，這兩個女兒是我最愛、最疼的，但是這件事後，我沒辦法做很多，給她們幸福。但我常常關心她們，透過寫信。不知道寫了多少信了，寫好的放了一堆，還沒寄，可能到時候再全部一起拿給我兩個最愛、最疼的女兒，我要告訴她們這個世界是很殘酷的。我是一個痛苦的爸爸，沒辦法表達我的愛，給我的女兒幸福。我把自己全部交託給命運，這是上天的安排。

七七，幫我和我老婆問好，如果你見到她。也幫我和ＴＩＷＡ的所有人問好。

下面這段話請幫我拿給寧寧看：

我不要跟你說再見，媽，我沒有辦法離開你。你說你會常常愛我，我在你心裡，你也一直在我心裡，我們知道的。我們的分離，眼淚都還沒流完。希望未來我們可以重聚，和我們的小家庭一起。我們如果不見一個很珍貴的東西，是一件很傷心的事，因為這樣，我，這個爸爸，想要想辦法不讓這珍貴的東西不見。如果不見的東西又見到了，爸爸我會保護得好好的，我會常常給你幸福。我們以後再見面的時候就會結束這場分離，但這都是好多年以後的事了。發生的事情，是上天給予的試探和教訓。這漫長的等待，你要保護好自己。

——我第一次收到亞諾的信（註），寫於二〇一七年七月二十六日

人不可能一輩子不遇到很複雜的事情，一定要祈求，才能得到一些東西，這才是人生。七七，人不可能一輩子都幸福，也不可能一輩子都痛苦。你的信裡講到我妻子休息

註　亞諾的信原文皆為印尼文，由通譯麗麗代譯。

的時間很少，沒辦法來看我。我尊重你的意見，因為寧寧過來語言還不通，但是我覺得不是她沒有時間，而是她的想法讓她變得很難。有什麼用？她有什麼事情也不會和我分享，見到什麼也不會和我說，她比較相信別人，不相信她的丈夫。不是我在生氣，但是我覺得她現在沒有尊重我，作為丈夫，我也知道我現在是什麼人，什麼狀況。我是一個在監獄的犯人，如果自由之後也會有前科，這是一件會帶來丟臉的事。但我還是忍耐，這種痛苦是上天給我的。

好多消息傳到我的耳朵裡，集中在腦袋，但是不知該放在哪個位置。很多問題、很多傷心，但不想一直想，因為想了也不知怎麼辦，要放空一下才好，然而我的狀態又無法讓我放空。如果這時候，覺得心裡不知道怎麼辦，我想要叫上帝把我的靈魂抽掉，想要帶到墳墓裡，才會是幸福的。因為誰知道明天還是後天，幸福和痛苦會不會消失，像早上消失的露水。上帝啊，我好累好累，我全部的付出，為什麼她不會清醒？為什麼她一直在我的腦袋裡面？我沒有辦法清醒過來，她的臉和聲音，因為我很愛她，我一如既往像當初認識她的時候那麼愛她。上帝啊，如果歲月沒辦法讓我等到見到她的那天，那我只能告訴上帝托夢給她和我兩個女兒，我還是一樣愛她們。

對不起，以前在印尼的生活，我不想多講，因為是很苦澀的。我也不想講我在船上受到的苦難，但你要知道，在台灣的船上，我沒有幸福過，我只經歷了痛苦和暴力。

我想辦法把在船上的苦難全部埋葬起來，因為現在還有很多其他的痛苦需要我去面對。如果我能活到出獄，希望我們有機會見面，我一定會告訴你，如果你想知道我在海上所經歷的全部事情。如果我的妻子或小孩，知道我在海上用全部的力氣和全部的靈魂來搏鬥，她們一定會哭起來。但這是我的責任，提供她們生活所需，我最愛的妻子和孩子。我現在無法讓腦袋轉動，去回想以前在海上的那些苦楚，在海上的船是很專制、很殘酷的，是魔鬼化成了人的樣子，因為如果是人的話，還有一顆仁愛之心，可以好好講話，但在船上這些都是沒有的。

八月十五號我有打電話給女兒，但沒有講很多，因為我們都在哭，沒辦法講很多話。你是否可以幫我聯絡我的大女兒，告訴她我在這裡很好，不要太想我。我怕她會傷心，這樣會影響她的健康。請幫我給女兒解釋為什麼我打的電話會突然斷掉，不是爸爸故意掛斷的，是因為電話卡裡沒有錢了。

——節選自亞諾的信，寫於二〇一七年八月二十八日

亞諾是四級受刑人，只有三等親或公務會面才能會客。因此我從沒見過亞諾，也沒看

過他的相片，只能從大家的描述裡模糊拼湊出他的樣子。他長得秀氣，也很斯文，帶著一點書生氣。講起話來很謙虛，語調溫柔而和緩。

印尼藝術家Irwan和Tita看過亞諾寫的詩，說亞諾的文筆非常好。亞諾寫給我的信，字跡也都工整漂亮，幫我翻譯印尼文信件的麗麗還常抱怨亞諾的遣詞用句太難，翻譯起來好困難。這樣的一個人，卻也只能做境外漁工，還發生了這樣的事。Susan說：「我相信他是個心思很細的男孩子，所以他一定很痛苦，一定很煎熬。」

亞諾已經好久沒收到寧寧的信了，也等不到她前去探望的身影。從他寫信給我的字裡行間，句句都是對妻子、孩子的思念。雖然我見不到他，但每次都從與他同工廠的印尼受刑人阿達那聽到亞諾的消息，而且每次都一樣：「亞諾心情不好，因為老婆沒去見他。」阿達還說，有時候看亞諾在工廠撐著頭，也不說話，就一直發呆，肯定又在思念妻子。

然而，自從第一次見完亞諾，寧寧就一直推託不願再去。亞諾的信一封接著一封來，寧寧也都不太想讀。明明千里迢迢來到台灣，費了那麼大的功夫，好不容易見到丈夫了，為什麼突然又卻步了呢？

誰都知道，相愛容易相處難，愛情從來不能保證什麼，激情之後還需面對柴米油鹽，更何況是夫妻。十幾年的相處，夫妻之間曾經的怨懟，感情的拉扯，也許在相見的那一刻又湧現了，愛情的泡沫也在相見的那一刻破滅了。見不到人的時候，是思念，而見到了，又不免怨恨。即便是妻子，也無法諒解丈夫在海上發生的事情，又如何能理解茫茫大海上，丈夫的無措呢？

丈夫是否理解妻子的苦衷？他是否了解妻子在台南深山裡的孤獨與無助？面對丈夫二十二年的刑期，她現在要獨自撐起一個家，而失去父親和母親的家，又何以稱之為家呢？她好想兩個女兒，女兒也好想她，她們需要母親的陪伴，母親也想參與孩子的成長。想回家，但又不能回家，因為她要賺錢養家，孩子要吃飯、要上學。本可以在孩子身邊的啊，丈夫為什麼在海上沒有為她們母女著想一下呢？

也許還有一個原因，讓寧寧不願去見亞諾。第一次見完亞諾的時候，寧寧並沒有多說什麼，後來舒晴才知道，當時亞諾有和寧寧要錢，這在寧寧的心裡變成一個疙瘩。要錢其實可以理解，雖然亞諾在監獄的工廠工作，但一個月最多僅有兩、三百元台幣，平時的生活用品都需自己購買，對於外籍受刑人來說，處境十分艱難。可畢竟寧寧是費了千辛萬苦才見到亞諾的，她也許在腦海裡設想了無數個見面時的情景，而些愛情的幻想裡是沒有金錢的。她也是真的沒錢，丈夫怎麼就不體恤她呢？上一個工作已經讓她精疲力盡，下一個工作還不知道在哪裡，錢也都寄回家給兩個女兒了。而且，兩個女兒都是由自己的母親照顧，婆婆也沒來幫忙，現在還要負擔丈夫的開銷……

也不是不願意給，可是怎麼一見面，就要錢呢？二十二年的刑期啊，一個女人全部的青春。

寧寧第二次見亞諾，是在找到工作的第二個月後，由舒晴帶著她一起去的。

其實工作之後的寧寧，要見丈夫就更難了。做家庭看護工的寧寧一個月只有一天休假，通常是禮拜天，有時還無法自己決定要在哪個禮拜天休假。而台北監獄的探視時間是週一到週五，只有每個月的第一個週日開放探視。就這樣，重獲「自由」的寧寧，卻依然沒有自由的時間去見丈夫。

去北監的路上，寧寧覺得身體不適，見完面後又是哭著出來的。問她講了什麼，她說講了很多，都講小孩的事情。寧寧說下次想自己煮飯給亞諾吃，但也就沒有下一次了。事後寧寧才和舒晴說，亞諾這次也有和她要錢。

其實亞諾跟寧寧要一點錢，在外人看來沒那麼不能理解和接受，五百、一千都可以讓外籍受刑人最基本的需求得到滿足，這並不是什麼大罪過。然而，有時說是錢，也不全是因為錢，都說貧窮夫妻百事哀，錢讓愛情變得刁鑽刻薄，怨便偷偷從感情的嫌隙裡鑽出來。如果說怨是線，在感情的繡盤上百轉千迴密密縫製，那錢便是針，一針一針來回刺穿薄如布帛的愛情，刺痛了寧寧過往夫妻生活裡怨懟的神經。

還在印尼的時候，亞諾看到別人的妻子去沙烏地阿拉伯賺了很多錢回來，便抱怨寧寧只待在家裡、不出去賺錢，寧寧就真的跑去沙烏地阿拉伯工作了兩年。哪知回國之後，她發現亞諾在印尼交了女友，還讓那女孩懷孕了。亞諾當然不承認，但寧寧卻信誓旦旦有這件事。

寧寧說，丈夫離開前，她還拿了兩個孩子的照片給他看，可不知道當時他們夫妻是在吵架還是賭氣，亞諾對她說：「賺到的錢要給媽媽，不要給你。」寧寧的難過，都記在了心裡。寧寧還告訴我，從前亞諾賺了錢也都不拿回家，都自己出去玩，雖然他很愛兩個孩子，但晚上下班回來也不陪孩子們玩。

ＴＩＷＡ的大家也覺得，寧寧形容的亞諾和他們認識的，好像是不同的人。但夫妻之間的恩怨情仇，外人是不好說什麼的，真相或誤會，也都是這對夫妻之間要解決的問題。只是，這對平凡夫妻日常生活中磕磕碰碰的小問題，在亞諾成為遠洋漁船上的境外漁工又犯下大錯後，便成了難解的大問題。

後來寧寧週日休假的時候，舒晴會在台北車站見她，把亞諾寄到ＴＩＷＡ的信拿給她，因為雇主不知道她有個在監獄的老公。她也會給舒晴錢，讓她下次去探視時拿給亞諾，她自己則不想去了。

現在寧寧自己也是焦頭爛額，照顧的阿嬤原本住在大兒子家，大兒子和兒媳對阿嬤和寧寧都不錯，但他們叫阿嬤不要亂買東西，阿嬤覺得被管著不開心，就要住到小兒子家。但小兒子和小媳婦不太關心阿嬤，平常咳嗽、打噴嚏了也不會主動問候。阿嬤不開心的時候，就拿寧寧出氣。

小兒子家開麵店，有時候寧寧還會被指派做一些許可外工作，洗菜、揀菜、打掃衛生，已經很累了，加上阿嬤晚上七點睡，十一點醒，之後就整晚睡不著。阿嬤不睡，她也不能睡。白天還要陪阿嬤去醫院，阿嬤脾氣不好、不信任護理師，都要寧寧看著，也沒有補眠的時間。和仲介提過賣麵的事，仲介卻罵她撒謊。想想算了，累就累一點，能賺錢給兩個孩子上學就好。

之前在阿嬤的大兒子家時，寧寧還有時間給亞諾寫信，那時候會想很多，心思一重，人的狀態和身體都會變得不好。如今在小兒子家，已經那麼忙、那麼累了，寧寧不願意再想那麼多。萬一自己生病了怎麼辦？她現在是家裡唯一賺錢的人，她不能病倒，她要讓兩個孩子長大念書。自己的父親早就死了，母親也老了，沒有工作能力，基本上整個家都由自己支撐著。因為這樣，寧寧就更加不願意去見亞諾了，她要繃住，不能讓自己潰堤。

在獄中的丈夫，又怎能體會妻子的這些疲憊和辛酸，妻子獨自在異鄉的寂寞和無助。但，他也沒奢望太多啊，只要等來妻子的一封信，就足夠讓他開心很久了。他知道妻子工作很忙，但再怎麼忙，休假的時候總能來看看他吧？久久看一次也沒關係，能見到人就好……

在高牆之內是漫長的空虛和寂寞，受刑人最大的盼望，就是家人的來信和探視；外鄉人若能吃到一口家鄉味，更是無窮的慰藉。他需要妻子的愛，助他度過二十二年失去自由的虛無生活。他也需要一點錢，在肚子餓時，可以買個素泡麵，嘴裡清淡無味時，可以喝一杯最愛的咖啡。他現在一無所有，也一無所求，他只想守住唯一的幸福，他最愛的妻子和最愛的孩子。

亞諾持續寫了很多信給寧寧，也許信裡有愛也有怨，寧寧每次拿到丈夫沉甸甸的一疊信，一字一句都讓她覺得背負了千斤重擔。二〇一七年八月，自寧寧離開庇護所後，我第一次見到她。在都市生活的薰染下，寧寧變得更甜美、更時髦了。

我問起她的近況，她說了對丈夫、孩子和未來的設想。她告訴我有些事情放在心裡很久了，一直不願意說，因為在印尼，老婆說老公壞話是不好的。搬進阿嬤的小兒子家以後，工作更忙、更累了，也容不得她再胡思亂想。現狀加上從前夫妻之間的事，讓她覺得灰心又矛盾。

最讓寧寧生氣的一件事是，她來台灣以後，兩個孩子都是自己的母親在照顧，婆婆不願意照顧孩子，也沒有給孩子們食物。寧寧想，如果婆婆對孩子們好一點，她也不會要和亞諾分開，但婆婆對她們不好，所以她現在想和亞諾分開。但想歸想，要不要這麼做，寧寧心裡還是不確定的。

她和亞諾之間真的沒有愛了嗎？沒有愛的話，為什麼賣掉田地，千里迢迢來到台灣，只為見上丈夫一面？十幾年的夫妻感情，難道才剛見面就要結束嗎？曾經在一起時開心過、怨懟過，丈夫離開時思念過、不捨過，三年後再見到丈夫，哭過也痛過。是又熟悉又陌生的感覺吧，在窗戶的那一頭，清一色的平頭和囚衣，沒了那頭漂亮的捲髮，他還是自己的那個丈夫嗎？摸不到丈夫手心的溫度，又要如何獨自度過這些難熬的寂寞時日呢？

曾經再怎麼不溫柔、不體貼的丈夫，終究是她在漫漫長夜裡的枕邊人；他從背後抱著她的時候，她一定還是感覺到安心和踏實的。

要分開真的只是因為婆婆的問題嗎？也許是一個導火線、一個藉口罷了，她需要一個藉口來做決定，讓她的思緒不至於像浮木般無所依從。

又何止是思緒無所依從呢？她的整個身心都是流離失所的。寧寧說，很多人都說她是個堅強的女人，但這樣的堅強也許並非她所想，她只是順應著生活，不得不堅強罷了。面對家鄉的母親和孩子，她要堅強；面對異國他鄉的繁冗工作，她要堅強；面對丈夫漫長的刑期，她要堅強。她需要對那麼多人、那麼多事堅強，但誰能在寂寞無助的暗夜裡托住她的軟弱呢？也許只是打開手機看到幾句溫柔暖心的話，都能讓她疲憊的身心有所皈依，讓她在失去丈夫的陪伴後有所依靠，也讓這麼年輕的她能享受一點愛情靈藥帶來的愉悅。

很多移工在台灣工作時會交男友或女友，讓寂寞疲憊的身心從冰冷的工廠機器或家庭看護的壓抑之外，得到一點來自與人親近的溫暖和安慰，但這樣的關係在他們離開台灣時便會終結，彼此又回歸到各自的家庭中。而寧寧的問題更為複雜，沒有愛人在遠處的家鄉等她，在近處的丈夫卻身陷囹圄。

她想要有一個愛人，一個男友，有可以親近的身體，並從這人那裡得到一些溫柔的話語。但畢竟處於婚姻關係中，寧寧不敢真的這麼做，而且這樣不是與來台灣的初衷相悖了嗎？

寧寧離開庇護所，去工作了一陣子後，終究是無法抵擋生活的寂寞、工作的壓力和疲憊。在庇護所還有其他印尼女生可以聊天陪伴，有ＴＩＷＡ的工作人員可以講講心事，但工作之後，與外界的聯絡管道只有一支手機。她先在網路上認識了一個印尼男生，透過遠距離視訊聊天，讓寂寞難過的寧寧有了心靈上的慰藉。但這男生卻不准寧寧與其他異性聊天，寧寧覺得很沒道理，他們便分手了。

後來寧寧認識了一個泰國男生，他們正在交往中。我很驚訝，兩個中文不好的人如何交流？寧寧說他們每天都用手機聊天，聽不懂的時候就慢慢講。寧寧每個月休息時，泰國男友也會出來陪她逛街、見朋友。兩個獨自在異鄉的人，都有了一個可以彼此陪伴、聊天、慰藉寂寞心靈的人。

其實寧寧內心應該是無比痛苦和矛盾的吧？她還是想談戀愛，想要有人陪伴、有人關愛，否則獨自在國外工作的壓力、孤獨、對家鄉的思念，以及和亞諾之間的牽絆，會讓她崩塌。她還那麼年輕，不過三十幾歲而已，都市生活讓她的美麗更出眾了，長得甜美的她不乏愛慕者，當她跳出婚姻，重新審度自己，她才從婚姻關係中隱約看到了自己，她真的要獨守二十幾年嗎？

寧寧十七歲就走入了婚姻，還沒品嘗過戀愛的滋味就進入了家庭，此後便開始為丈夫、家庭，以及後來的兩個孩子操心忙碌。其實這個小家庭她還是深愛著的，亞諾曾經這麼對待自己，她都包容了，原諒了，但亞諾上了台灣漁船後卻犯下這麼大的錯，已經不是「原諒」兩個字可以解決的了。

原諒有用嗎？責怪有用嗎？以前的事都算了啊，但是在船上，怎麼、怎麼就沒有想到她們母女一絲一毫呢？亞諾真的愛她們嗎？二十二年啊，這些都不是自己造成的錯誤，但卻要和丈夫一起背負這二十二年的刑期嗎？人這一生中能有多少個二十二年？她要被綁死在這段婚姻裡嗎？

進入婚姻以後，她似乎還從沒為自己打算過什麼，一切都是為了家庭，如今連孩子都不在身邊，那她呢？她還要背負養家的重擔，那她呢？她在哪裡？她自己在哪裡？她的人生在哪裡？她也想要一點體恤、一點安慰、一點現世的快樂，幫助她度過現實的困境。

母親希望她改嫁，但她也想著，如果自己走了，亞諾怎麼辦？再婚後，兩個女兒怎麼辦？之後的丈夫會同意她帶著兩個孩子嗎？即便同意了，會對孩子們好嗎？而且，現在在台灣，再怎麼辛苦，錢還是自己賺的。自己賺錢自己花，自己養孩子，踏踏實實。如果再婚了，失去經濟能力，一切又都變得身不由己了。

她也不願意再進入另一段婚姻關係了，婚姻的拉扯太辛苦，她從十七歲就體悟到了。然而，去台北監獄看丈夫的經驗，又讓她覺得非常傷心，離開和見面都讓她無比痛苦，這情緒既影響工作又影響身體。她不能倒下，所以她更加不想去探望丈夫了。寧寧在這種反覆的掙扎中無路可走，於是只能逃避。先逃避著吧。

寧寧笑著和我說，泰國男友總是管著她買東西，讓她把錢攢下來給小孩。男友還說：「我現在沒有錢，等我有了錢，我會給你錢。」

甜言蜜語，寧寧也只是聽聽，她知道不能深信。但在工作忙碌一天後，有人說幾句話，在一個月一次的休假時，有人陪伴，還是令人安慰，不至於心底發慌。泰國男友在母國也是有家庭和孩子的，他們之間不太可能會有未來的。命運很會捉弄人，這她都是知道的。

第二次探監，寧寧和亞諾說：「如果我有喜歡的人，其他人喜歡我，你也不要生氣。」寧寧說，大女兒很懂事，雖然她很愛爸爸，但她對媽媽說：「如果你要和爸爸分開，我也都能理解，你想分開就分開吧。」

我跟寧寧的事一定要得到一個確認，因為我跟寧寧的感情沒有得到確認。如果我跟她要繼續的話，我希望有一個連續，不會斷掉，哪怕是透過信件。如果寧寧希望分開，也希望她盡快和我講想分開的事情，寫信給我。離婚同意書，我會簽。這焦慮一直種在我的身體上，因為她沒有在我身邊，她有權利得到幸福。我沒有在她身邊，我知道如果我跟她分開，會影響到我兩個小孩的成長。要怎麼辦？現在我沒有能力，沒有力氣。現在我只能透過相片，看著我最愛的家人，那就夠了。

你說希望我和寧寧還有兩個小孩可以找到幸福，在我心中我也希望這可以實現，我真的不希望和她分開。你不要跟我說對不起，應該是我要跟你說對不起。我在船上的工作留下的是傷心，很不好的事情，現在我想把它埋進很深的地方去，一切苦澀的事情，我不願再去回想了。因為是不得已，我的自由不見了，生活不見了，人家的愛也不見了，人家的關心也不見了。

抱歉這麼晚才回你的信，我要洗碗一個禮拜才能得到幾張郵票。碗沒辦法每個禮拜洗，因為有時候沒人叫我洗碗，如果可以每天洗碗，我在這邊的生活就可以足夠。每個人賺的錢，是上天安排的。

——節選自亞諾的信，寫於二〇一七年十月二十日

二〇一七年，TIWA又去了兩次印尼，探訪了寧寧的家。寧寧的大女兒在上高中，小女兒在上幼稚園。小女兒還什麼都不懂，在地上爬來爬去玩，大女兒略顯早熟，也很沉默，一個人在旁邊默默聽家人說話，流著眼淚。

舒晴有一張亞諾曾經在足球隊的照片，拿給大女兒看，問她有沒有印象。她說，爸爸很喜歡踢足球，也很喜歡看書，有機會就會帶她出去玩。在她的心裡，都是和爸爸一起的美好回憶。她知道爸爸在異鄉服刑，但她要怎麼理解，自己的爸爸成了殺人犯？她要怎麼理解，自己的爸爸所經歷過的孤獨、恐懼、窘困和悔恨？

日子一天一天繼續過著，亞諾繼續等待著，寧寧繼續矛盾著。反正時間還很久，有

二十二年的時間讓這對患難夫妻去思考往後的人生。有一次我發簡訊給寧寧，問她，你會怪罪丈夫嗎？

「我很迷茫，我不知道是誰的錯，也不知道要怪罪誰。」

我問：「你如何看待丈夫在監獄這件事？」

「對不起，這是我們家庭的恥辱。」寧寧說。

寧寧有寄信跟我說了好多話，我想要知道她的心事，她的傷心，她的關心和希望，這樣我才知道她的情況，想辦法安慰她。現在最重要的不是她在我面前，最重要的是她健康，她好，她得到想要的生活，我就覺得很幸福。不是我不想和她見面，因為我了解，對她來說沒那麼簡單，她工作很忙，她家裡也有影響到她的想法。她也渴望幸福，這樣使她的心變得脆弱。她的心碎掉，因為我現在是沒有用的人，我也沒辦法照著自己的心讓她得到幸福。未來我一定要忍耐，常常要有正向的思考，來過這樣的生活。

現在我才醒過來，如果心裡碎掉，全部美好的愛不會是永遠的。但如果不見了，你才知道它那麼珍貴。

——節選自亞諾的信，寫於二〇一八年二月二十二日

七七，這次我要請你幫我，幫我找我女兒的電話，好幾次我聯繫女兒，卻沒辦法聯絡上。我有請麗麗幫我，可能她很忙，還沒回應。我也問了寧寧好幾次女兒的電話，也都沒得到回應，不知道是寧寧忘記，還是故意要截斷我和女兒的聯繫。這個時候我的腦袋裡有很多負擔，四月十七號寧寧寄來的信讓我有點不舒服。這封信我無法寫很多，因為我的腦袋無法得到安靜，請幫我跟TIWA的大家問好。對不起，我的心破碎了一地。

——節選自亞諾的信，寫於二〇一八年四月二十日

上帝遇到體制

如果要把世界劈開成兩半，一半永晝，一半永夜，黑白分明。只有晝夜的交界處是灰，是細如齒縫的吸人深淵，人們紛紛跌入，當我墜落前看這世界最後一眼時，我相信伊登會站在白晝如畫的世界那頭。他為我們禱告，我們不需要禱告。他為我們流淚，可這無法將我們救贖。他會跪在地上求神赦免，可我們仍不相信神。

然我還是心存感激和驕傲，因為他讓我看見白色國度裡，有可愛的人，牽著他心愛的妻子安妮。他們不是亞當和夏娃，他們快樂善良，在山的那邊，海的那邊，永晝的世界那邊，他們唱歌，他們勇敢，他們誠實，他們相愛。

●

伴隨著南投清晨的鳥鳴，伊登如常和安妮在早上通了電話，講了一些家裡和孩子的事，說了鼓勵的話，傾吐了對彼此的思念。為對方禱告以後，安妮去上班，伊登則繼續躺在床上聽鳥鳴，此起彼伏，一如他的心情。

已經兩個月沒領薪水了，原先工作的自行車廠倒閉了，老闆讓他們去附近的鍍鉻加工廠工作。之前一直被放無薪假的時候，老闆就讓他們去那裡工作過，總共九個印尼工人，大家都不喜歡。鍍鉻廠的工作危險、繁重，只能賺取少量溫飽，而且違法。

已經來台灣工作一年了，卻連債都沒還完，更別說原先打算好的計畫。伊登不想違法，也不喜歡違法，這不是公平正義的事，而且抓到可能會被遣返，可他並沒做錯什麼。他只是需要工作，需要錢。來台灣前，包括機票總共付了十六萬台幣給仲介，十萬是自己的積蓄加上東拼西湊向親友借的，另外六萬被偽裝成「銀行借貸」，實質上就是仲介費。來台灣後，每個月還六千，總共要還十個月，仲介會直接從薪資裡扣除。

伊登的基本薪資是兩萬零八元，自行車廠沒什麼訂單，所以賺不到加班費，每個月還會被放三到七天的無薪假，連基本薪資都領不到。還要扣掉住宿費兩千五，仲介服務費一千八，銀行借貸六千，勞健保、個人稅收等，每個月淨收入只有五、六千。

伊登會固定匯兩千回去給孩子，剩下的錢是他在台灣的全部生活費。後來工廠愈來愈不景氣，無薪假也愈來愈多，到最後，每個月能領到手的只有三千，有時甚至只有一千五。

很久沒給女兒匯錢了，伊登覺得沮喪極了。打開手機看妻女的照片，他們可愛的小女兒，眼睛笑容和伊登、安妮一模一樣，他心裡又升起一些暈眩的幸福感。伊登是那種笑起來笑容佔據三分之一臉頰的人，安妮則是把甜甜的微笑一直掛在嘴邊，兩個人有著同樣漆黑而深邃的眼睛。這雙漂亮的眼睛鑲嵌在小女兒身上，彷若閃閃發光的黑寶石，再帶上一串天真迷人的笑容，真想立刻把她抱起來放到自己的膝上，和她一起彈琴唱歌。

還有這個世界上他深愛的妻子。伊登想起他第一次見到安妮時，他就無可救藥地愛上她了。他之前在臉書上就見過這個女孩，看著照片就覺得好可愛，沒想到還能在教堂遇見她，可能這就是神的安排吧，她是他註定的另一半。不過安妮的版本稍有不同，她說伊登在臉書上認識她才一週就打電話給她，問她要不要做他的女朋友，「要，你就說。不要，你也說。」

「超蠻橫的。」

「那時候他醜死了，又黑又瘦，結婚後才開始變胖。」

安妮嘴上嫌棄著，眼神裡卻是對丈夫滿滿的愛意。

●

婚後兩個月，安妮去外地求學。和大部分印尼人不同，他們是虔誠的基督徒，丈夫之前就在神學院讀完大學，但她只有高中畢業，她也想繼續念書進修。進修的學校規定一週只能回家一次，於是每次從家裡離開，她就帶著伊登沒洗的衣服，晚上睡覺時放在枕邊，聞著丈夫的味道緩解思念。

後來他們一起在印尼東爪哇省（Jawa Timur）家鄉的教堂侍奉上帝，伊登是牧師，在教會裡講道、彈琴，幫路邊的街友洗澡，給他們食物。生活並不富裕，但內心富足，早就決定把一生都奉獻給神了。其實伊登原先的夢想是成為一名軍人，因為印尼有些地方還常有戰亂，他希望保護自己的家園。但被神感召後，他決定成為一名牧師：士兵只能拯救人的身體，但上帝可以拯救人的靈魂。很多人需要上帝，只是他們不知道如何禱告，所以他要為他們禱告，他要教他們禱告。

日子簡單而充盈，但是隨著女兒的出生，他們開始面臨缺錢的問題。作為牧師，雖然吃住沒有問題，但也不會有多餘的錢，教會的錢是要給更有需要的人的。但他們的孩子長大後要念書，念書也要錢。而且伊登有個心願，他想再靠近神一點，再增加多一點知識和見聞，再多了解些神造的世界和人——他想和妻子一起念神學碩士。沒有錢，沒關係，還有一雙手。於是兩人決定來台灣，出國工作既可以賺錢，也是學習的好機會。

安妮之前就來台灣工作過，原本不想再來了，當時第一份工作在彰化照顧阿公阿嬤，還被叫去種水稻、蔥、高麗菜等農作物，三年都沒休息過。田裡有好多大蚊子和小黑蚊，工作時要把全身包住，只剩兩顆眼睛，安妮想起那場景，還會用手在臉前做趕蚊子狀。

當時「三年出國一日」的法令還沒廢除，她回去之後，繳了仲介費再次來台。第二份工作說是在板橋照顧阿嬤，其實卻是在新北投照顧兩個孩子。早上送孩子上學後，她就在家裡打掃衛生，然後再接孩子回來。三年約滿要回家前，雇主的小女兒還摀著臉啜泣說：「阿姨別走。」

想到這女孩，安妮還是覺得安慰的，但在台灣工作也實在是很累。可既然丈夫要來，她便也決定跟著一起來，因為兩人都離不開彼此。伊登說：「我需要我的妻子，我妻子也需要我。」人在異鄉是會孤獨的，孤獨的人便需要尋求慰藉，需要人來愛。人在此時是脆弱的，會不當心犯錯，他們不要承擔失去彼此的風險，也不要承受思念之苦。

在印尼的時候，仲介說好讓安妮和伊登一起去南投工作的，沒想到一到台灣，安妮卻被帶去花蓮，在好幾個家庭間輾轉，沒有穩定的工作地點。往往都是在一個家工作一個月，然後又被帶去另一個家，仲介每次的說詞都是「他們喜歡前一個人，那我有什麼辦法。」很明顯安妮是被仲介利用，帶去做許可外工作了。

伊登最恨不公不義的事情，更何況這事發生在他心愛的妻子身上，他不管不顧地跑去找仲介理論：「我妻子必須去南投。」可能是他說話邏輯好又擲地有聲，也可能是因為他英文好，不像很多其他剛來台灣的印尼廠工，不懂英文，中文也說不好，無法為自己發聲，仲介自知理虧，最後在彰化幫安妮找了份固定的工作。

還好，彰化和南投不遠，雖然安妮每個月只能休息一天，但是伊登會在那天從南投去彰化找安妮。彰化有一間都是印尼人的教會，兩人會去那裡服務。人在異鄉還能侍奉上帝，又可以見到彼此，即便薪資少，伊登還是快樂滿足的。他天生就是樂觀的人，心懷信仰。

有時候伊登和安妮還會趁著這唯一能見面的一天，去四處走走。工廠生活單調而乏味，舉目四望只有冰冷而油膩的物料和散落在地上的零件，頭頂是明晃晃的白熾燈，到處充斥著冰冷的金屬味。一起做事的印尼人蹲在地上抽菸，吐納出來的煙霧在照明燈下縈繞，有一點像傍晚家裡做飯時的景象。這讓伊登想起安妮在廚房忙碌的樣子，一個小不點，手忙腳亂起來卻像在手舞足蹈，用湯匙舀湯嘗了味，然後招手喚伊登回來吃飯。那時伊登就從自家的地裡起身，離開他們的香蕉樹、咖啡、可可和丁香，西下的太陽照在土地上有一股清甜味，他對這神造的世界充滿愛戀。

但這神造的世界也充滿危機、欺騙和貪婪。這次連工廠都倒閉了，仲介公司也沒打算幫他另覓新工作，鍍鉻加工廠的工作不僅不合法，而且他知道他們的訂單也在逐漸減少中。他是繳了十六萬仲介費，簽了合約合法來台灣工作的，台灣的仲介費也一個月沒少給過，為什麼現在要落到非法工作的境地？

想到這裡，伊登又開始沮喪起來，剛才心裡升起的那一點幸福暈眩感，轉而變成了讓人頭暈的迷茫感。一起工作的其他印尼人已經決定去鍍鉻加工廠了，他們同樣需要錢，而且不想惹麻煩，他們害怕被遣送回印尼。隨著鳥鳴聲逐漸減弱，伊登知道自己要做出選擇。

他再一次在心中向神禱告，撫摸胸口的十字架，起床收拾行李，傳訊息告訴安妮自己的決定，打了一九五五申訴，然後搭車北上。十二月的太陽淋在身上，寒一點，暖一點，希望和失望都各占一點。

伊登很快就被安置在TIWA的庇護所，他的案子屬於工廠移工常有的狀況，被放無薪假、關廠欠薪、許可外工作，又或是另一種極端，超長工時、加班費不對、沒有休假。仲介對這些情況通常放任不管，雖然仲介服務費是向勞工收取的：第一年每個月一千八，第二年每個月一千七，第三年每個月一千五，三年合計六萬台幣。美名其曰「服務費」，但事實上並無服務，一旦發生事情，仲介永遠站在雇主那邊。

這是因為雇主掌握「外勞配額」。配額是移工就業市場的關鍵，是政府在保障本地人就業機會的前提下，開放申請「補充性勞力」的名額；雇主可以聘僱多少移工、聘僱多少年，都由「配額」決定。仲介必須有雇主委託，才有生意可做，所以仲介千方百計地幫雇主保住「外勞配額」，等同於保全自己的業務。工人本身並不重要，不過是買賣的東西，反正東南亞國家多的是大把廉價勞動力，配額在手，誰來都一樣。像伊登這種關廠工人，仲介更加懶得管，丟置一邊，任其自生自滅。

有時候為了爭取雇主，仲介還會與雇主合謀，只要雇主透過仲介公司引入移工，就會得到大約兩萬到三萬的回扣。但羊毛出在羊身上，這回扣往往要從工人身上討回來。

移工永遠在食物鏈的最底端被層層剝削，工人花錢買工作成為一種人們習以為常的弔詭現象。除此之外，移工在母國繳交的仲介費，約有六成以上流向台灣仲介。仲介成為居中買空、賣空的最大利益獲得者。

台灣目前合法登記的移工總共約有七十萬人，製造業和營造業就占據了約四十三萬人。也就是說，與伊登有著同樣遭遇的移工，在台灣不計其數，但知道申訴管道，或者敢於申訴的，卻僅是冰山一角。資源不對等、語言不相同，他們往往選擇忍耐，就像與伊登同個工廠的那些同伴。

全面私人化的仲介，搭配「不能自由轉換雇主」的政策，把移工死死綁住，使得移工在勞動市場中失去自由，無法自由尋找雇主。

「不能自由轉換雇主」的規定，是台灣政府為了管控移工的數量和分布，一個蘿蔔一個坑地把移工綁死在工作崗位上。政府需要這些廉價勞動力，卻不想管理，於是以營利為目的的私人仲介就遍地開花。仲介並非純粹服務，而是一種營利取向的人力買賣，搭配不合理的政策，讓台灣的移工制度，變成一個徹頭徹尾的奴隸買賣制度。

也有人不堪忍受艱辛的工作環境選擇逃跑，但逃跑的代價是喪失一切法律保護，即便生病也不敢就醫，要四處躲藏，擔驚受怕。因為一旦被發現，就會被遣送回國。台灣媒體通常叫他們「逃逸外勞」，仲介會稱之為「小飛俠」，菲律賓叫TNT（Tago ng Tago，躲躲藏藏）。

移工一旦逃跑，就如同亂臣賊子，人人得而誅之。但事實上，移工逃跑並非重罪，不過是違反了與雇主的民事契約，觸犯行政法規而已；被抓後，最嚴重的法律效果也不過罰錢和驅逐出境。然而，有些逃逸外勞卻因此付出生命的代價。

移工逃跑，就意味著雇主失去一個外勞配額，一個好用的廉價勞動力。為了防止逃跑，妥善「管理」這些移工，仲介和雇主往往會聯合防堵，例如設置「強迫儲蓄金」、扣留護照和居留證等私人證件、恐嚇遣返、沒收手機，或是減少移工和外界接觸，以免他們「學壞」。這些都使台灣的奴工制度在仲介和雇主的聯手之下更為穩固。

向勞工局申訴的移工，如果證據充足，又不適合在雇主、仲介提供的處所居住，便會被安置在庇護所。不過，在庇護期間不能工作，除了吃飯、睡覺、自娛自樂，只能等待。等待勞資爭議案解決，等待新的工作許可證，等待轉換工作，等待下一次被選中的希望。而在台灣工作未滿一年的移工，政府會給四個月的時間找工作；如果工作超過一年，就只有兩個月，兩個月內找不到工作的，那麼走好不送。這也是另一個移工不敢申訴的原因，因為申訴有風險。

庇護所平時看起來歡聲笑語，又有各種培力課程，工人們在長期的疲憊工作後，終於有了一個短暫的休息期。但事實上，大家都承受著無形的巨大壓力。

大家都是付了鉅額母國仲介費來台灣的，都簽了合法的合約，也都繳交了台灣的仲介費，但現在出了問題，仲介公司卻沒有要幫忙；明明不是自己的錯，卻面臨要被遣返回國的風險。那欠下的債務誰來償還？家鄉的妻兒、老母誰來贍養？有些人是孤注一擲來賺錢翻身的，現在只能搖搖頭自認倒楣嗎？

酒能解憂，菸能解愁，庇護所內不能喝酒，工人們就常常聚在門口抽菸。門口擺了兩張長凳，大家或坐著，或蹲著，發發呆，和同伴閒聊幾句，耳朵上總是掛著耳機，與家人或愛人聊天，比菸酒更能消愁解悶。大家的不安和寂寞，積累成菸灰缸裡的小山丘，凝結在一起，連風都吹不散。

但伊登不抽菸，也不愛喝酒，他喜歡彈吉他唱歌。他說他不擔憂，上帝會幫他找到出路。賺錢的確很重要，很多人都需要錢，但錢不是所有。錢買不了健康、愛情和快樂，人的內心深處要獲得真心實意的平靜和喜樂，所以在這樣的窘境中，他仍然覺得生活很美，感謝神。他說他的人生就像山丘，有時高聳，有時跌宕，發生過太多太多故事了，但都是美麗的故事，也是艱辛的故事，這讓他的內心更強壯。他只要誠心誠意向神禱告，上帝會幫他解決所有問題，每次都是這樣的，總是這樣的。

第一次見到他時，他也是在彈吉他唱歌，我誇讚他彈得好，他以極流利的英文回應我，印尼工人中英文這麼好的實屬少見。他告訴我，他來自印尼東爪哇省，已婚，育有一女，在印尼是教會的牧師。我好奇，牧師為什麼要來台灣打工？他說他有一個願望，希望繼續念神學院碩士，但他沒有錢，所以他要賺夠錢回去念書。

那時他的頭髮很長很捲，在頭頂綁成一個球，乾淨又特別。不過沒多久後，他就把頭髮剪短了，因為「老闆喜歡長得乖乖的工人」。我說他長得不像牧師，他反問我：「你期待牧師長什麼樣子？」我大笑，「至少要配個十字架吧？」他從胸口掏出一個小小的十字架項鍊。我又問：「牧師見到人就會努力傳道，你怎麼沒跟我傳道？」他說，我傳道，但我懂得分場合。

這個聰明的傢伙。自此我們百無禁忌地聊天，或是辯論。

其實伊登不像安妮說的那麼胖，他身材很好。他的臂膀比一般做工的人還要粗壯些，有非常漂亮的肌肉線條，不是那種健身房練出來的漂亮，是做工的人渾然天成的粗獷魁美，但舉手投足之間又帶著某種精緻優雅，抬頭走路，挺胸而坐。當庇護所裡的其他工人圍坐著抽菸聊天時，他就拿一把吉他在旁邊自彈自唱。聽見他唱歌的人，絕對會駐足停留，因為他唱得很動人，很專注，很深情。

我說，你唱得真美，他回以微笑，那個占據臉頰三分之一的笑容，襯著他健康黝黑的皮膚，顯得極其明媚。這可能是我見過最燦爛的笑容了，憂愁都被他笑散了，連一點雜質都不染。這笑容裡滿是自信，又帶著謙虛。他用流利的英文說：「你知道的，這是我第一次見到我的……哈哈，這是我第一首學唱的英文歌，是我生命中非常特別的一首歌。」Jose Marie Chan的Beautiful Girl。他朝著我眨眼。

Beautiful girl, I'll search on for you, till all of your loveliness in my arms come true, you've made me in love again, after along, long while.

我知道他在說誰。他的第一個女朋友，包括這女孩的家人，是為他的生命帶來機會，灌注養分的人，是神在他生命裡的奇異恩典。

伊登在孤兒院長大，但並非無父無母。他想念書，可是家裡沒有錢，小時候太窮，連牛奶都沒喝過。父母養大他已經不易，於是他自己做了決定：去孤兒院。因為在孤兒院可以免費讀高中。

這口免費的飯吃得並不容易，可以讀書沒錯，但學校很遠，上學要走一個小時的路。更可惡的是，孤兒院院長貪汙了大部分救助金，所以孤兒院的這些孩子生活得很艱辛，某種程度上可以說根本沒被好好照顧。

「我們總是肚子餓，沒有食物吃，沒有乾淨的水喝。有時候我要把我的衣服、書拿來換些錢，填飽肚子。」孤兒院提供的食物很少，而且都是些不健康的食物，隔夜剩下的米飯和青菜，有時甚至餿了也還是一餐。水的話，要自己去水泵裡打，沒有過濾也沒有消毒。但伊登從來不和父母說，他和那些真正的孤兒一樣生活著。有時實在太餓，就去吃別人吃剩的食物，例如肯德基。「很多有錢人買了東西，吃剩了，我們就拿來吃。從垃圾桶裡找出來，我們一起吃。」

那時候伊登就開始彈琴唱歌了，他晚上會去每家每戶唱歌，賺到一些錢就去買米飯，然後和朋友們一同分享。即便生活這樣辛苦，伊登卻不覺苦，他仍覺得生活五彩斑斕，還有很多事情要學習、要探索。生命是一條生生不息的長流，何必過早憂愁，又何必憂愁？況且他找到了上帝，神是引路人，總能助他找到方向，只要誠心禱告。

伊登的父母都是基督徒，但他真正認識上帝，還是在高中的時候。那時因為生活困苦，他常常禱告。禱告讓他感受到上帝觸碰了他的內心，於是高中畢業後，伊登選擇繼續升學，進入神學院學習。

進入神學院後，他一如既往地缺錢，第一年偶爾會跟父母要一些，同時自己出去打工賺一些。他也一如既往地向神禱告，神的奇蹟再次顯現：他遇到了他的捐助家庭，一對來自荷蘭的基督徒夫妻，丈夫是荷蘭人，太太是印尼華人。他們到印尼探親，遇到伊登，與他聊天，然後決定資助這個懷抱夢想的熱情年輕人完成學業。

也許是這個年輕人太有魅力了，有一次，捐助家庭的女兒到印尼度假，與伊登聊著聊著，兩人就產生了情愫。為了與女孩溝通順暢，伊登更加努力地練習英文，後來她便成了他的第一個女友。

Beautiful girl, wherever you are, I knew when I saw you, you had opened the door, I knew that I'd love again after along, long while. You said "hello" and I turned to go, but something in your eyes left my heart beating so.

直到現在，伊登還能用荷蘭文說出「ik hou van je」（我愛你），即便兩個人最終沒走到一起。分手後伊登決定不再交女友，因為他不想傷害別人，傷害是一種罪，不認真的交往也是一種罪。

安妮是他的第二任女友，也是最後一個。他們住在同一個村落，在同一個教會相遇，他們有共同的目標，甚至還有一點親緣關係，那要回溯到很遠很遠的遠親那裡去。「我妻子可能不是最漂亮、最聰明的，但她是最適合我的。第一眼就知道了，我是如此愛她。」

農曆新年是台灣一年中最重要的日子，過年過的不是一天，是一陣子。每一天都有名目，每一天城市裡都洋溢著團聚的味道，真心也好，虛情也罷，總是團圓。就連年的最後一天，都要鄭重其事地結束，要吃元宵，要逛廟會，要掛紅燈籠。

相形之下，過年對庇護所裡的移工既沒這麼隆重，也沒那麼團圓，反而增加了找工作的難度。過年間很多仲介、雇主放假，工人的時間也就在無形中被砍掉了大半。明明不是他們的錯，但所能做的最大爭取，也只有兩個月找工作的時間。

兩個月，八個禮拜，八次機會。

每週四就業服務中心會承辦移工業務，工人按照國籍排坐在不同位置，仲介會到現場挑選。挑中了，可以去面試或直接簽約；沒被挑中，意味著又失去一次機會。移工沒有自主選擇的權利，巴望著，彷彿等待被挑選的奴隸。

伊登萬幸，在最後一週的轉換期內找到了工作，而且工作地點在彰化，他妻子做看護的城市。回到庇護所收拾行李，伊登覺得一切又生動起來，辣椒還是最下飯的食物，油鍋裡的印尼炸餅正滋滋作響，小四有黑白棕三個顏色。爸爸眉開眼笑，叫他走了就不要再回來了。

無數個向神禱告的夜晚後，神終於聽到了他的請求。他開心地彈起電子琴，他的歌聲總是給庇護所帶來歡樂，尤其是每個掐滅菸頭數時間的夜晚。「撫我心靈的神啊，而今我已明瞭，沁我靈魂的教誨拯救了我迷失的心靈，經歷無數磨難，今已得返，是神的恩典指引我們安全歸來。」彈下最後一個音符，伊登又開始展望起美好的未來。感謝神。

因為去的是食品加工廠，臨走前伊登還特別背下「鴨肉」、「魚肉」、「雞肉」、「牛肉」的中文讀法。更開心的是，以後每週都可以去彰化的教堂服務，還能常常見到心愛的妻子。

不料兩天後，伊登又出現在ＴＩＷＡ的辦公室。「仲介要我給兩萬，其他人都給了，我沒有錢，所以他們不給我工作。」伊登非常氣憤。

簽合約之前，仲介並沒有和伊登提到要付這筆錢，因為知道他非付不可，他的轉換期即將結束，沒有工作就要回去印尼。但伊登有自己堅持的正義，不公平的事不能接受。

還是那個問題，羊毛出在羊身上，想要工作就給錢。而且「三年出國一日」的政策被廢除後，仲介更是道高一尺魔高一丈。原本移工在台灣工作滿三年後，必須離境一日才可以繼續在台灣工作，這意味著移工要再度支付一筆母國仲介費；無論母國還是台灣的仲介，每三年就可以從工人身上再剝一層皮。現在，「三年出國一日」的法令被廢除，但雇主的訂單反正都是交給仲介，仲介在這中間還是有很大的操弄空間。

再隔一天就是伊登轉換期滿的日子，TIWA立刻向勞工局提交展延伊登工作許可的申請，但大家都無奈搖頭，認為勞工局批准的機會非常小，因為伊登沒有仲介收費的證據。有人說伊登原可以先簽了合約再申訴，留下繳錢的證據，這樣應該又會有兩個月轉換時間，只可惜伊登的聰明才智並沒在「算計」這一環上展現。

伊登再一次落入等待中。這與他一直以來堅守的人生信條相悖。曾經的生活再難，都可以靠自己努力和向神禱告找到腳下的路，可來台灣工作讓他陷入了完全被動的境地。不能自由轉換雇主的規定是魔鬼的鐐銬，他只能等待，他所能做的最大努力就是向神禱告，阿門，當上帝遇到體制。

這次可以說是命懸一線了，古人為伊消得人憔悴，伊登是為了一紙工作許可消得人憔悴。庇護所裡很久聽不到他的歌聲了，中文課他也常常缺席，那個什麼都想學的牧師彷彿一夕之間喪失了鬥志。去找他時，只見他躺在床上，頭頂捲髮蓬蓬亂，有氣無力，一臉疲倦，睡再多還是覺得倦。等待比工作更耗損體力，更消磨意志。

有時候他還是覺得有盼望的。他想起讀書期間，去了印尼十幾個教會實習，見到了形形色色的牧師。有的牧師要他清潔熨燙內褲，有的牧師咆哮著說他是豬，有的牧師斂財，有的牧師好色，也有虔誠的牧師讓他學到優秀的領導力。生活多麼美麗，不是嗎？他總是讚嘆，因為低到過塵埃裡，再從土地長出來時，連樹葉上阡陌縱橫的經脈也看得清晰。現在不過是再一次跌到泥土裡，需要更加努力地禱告。

好在他還有安妮，每晚安妮都打電話給他，鼓勵他，為他禱告，這又讓他覺得欣慰，相信這是神給他的試煉，要磨練他的意志。可安妮過得似乎也不好。彰化的阿嬤很愛碎念，總是嫌她做得不夠好，還要她下田工作，多次找仲介幫忙，卻只得到敷衍的回應。

怎麼會這樣呢？自己真的選錯了嗎？是當初離開教會受到的懲罰嗎？

那時他的牧師朋友都不理解他來台灣工作的舉動，在教會好好當一個牧師不是最佳選擇嗎？但伊登覺得村子太小太封閉了，他需要懂得更多，才能更好地教導他的教友。所以每當人們問他為什麼要來台灣時，他只能保持沉默，他必須先做自己能做的。就像他的荷蘭捐助家庭，他希望再次出現在他們面前時，他已經變成一個更好的自己。

但此時此刻，當初所有人問他的「為什麼」，都響徹在他的腦海裡，他也開始問自己，為什麼？想得在床上輾轉反側，直到天明。愈是焦慮，就愈是不許自己焦慮。應該相信神的。神對他自有安排，他是個牧師，是神要他必須看到這些問題的。

不過，「這些問題」是哪些問題？是誰的問題？自己並沒有做錯任何事啊！為什麼政府拖了一個多月還不給工作許可？這不公平啊！台灣政府不公平，想到不公平，伊登鬱悶的心裡又開始覺得有點生氣。

台灣政府說兩個月內沒找到工作就必須回去印尼，但自己明明找到了，只是仲介要兩萬。這不是自己的錯，如果政府不核發新的工作許可，那這是非常不公平的。這錢原本就不應該給，其次，之前的工作都拿不到薪水，他也繳不出這筆錢。

如果政府這麼不公平，不給出解決方案，可以啊，那以後不要讓印尼人來台灣工作啊。台灣那麼多工廠都需要印尼人，出了問題，政府卻不給解決方法。政府說找工作不需要再給仲介費，可是很多仲介都要錢。很多朋友也都給仲介錢了，三年合約給三萬，兩年合約給兩萬。但他們不想說，因為說了，仲介不喜歡，老闆不喜歡，他們就要回去印尼。

這是問題所在啊，工人都不說，台灣政府不知道。

如果工人說出來，政府就會知道。

伊登覺得自己總算理出一點頭緒了，心裡稍稍寬慰了一點。他認為最大的問題是仲介，每個仲介都一樣，總是說謊，不停說謊。之前和這次遇到的仲介都是，他朋友們的仲介也是。工人又因為害怕而不敢說，所以台灣政府根本看不到這些問題。是謊言掩蓋了一切罪證。

既然政府不給自己一條出路，那只能選擇逃跑了。逃跑是違法的，違法、撒謊都是上帝所不喜的，更何況自己還是個牧師，他不想犯錯。不過轉念一想，現在面臨的問題並不是因為自己犯下錯誤。這不是他的錯。窮途末路，他只能出此下策。

就算逃了，他也不要躲躲藏藏、偷偷摸摸。他逃跑了，也要光明正大地走在街上，因為錯不在自己，自己又沒犯罪！他會一一和TIWA的人還有庇護所的朋友們告別，告訴他們，政府不給我解決方案，所以我只能選擇逃跑。他還要打電話給一九五五，通知他們自己要逃跑了，因為政府不給他解決方案。他有好多話要對台灣政府說呢，還有好多在台灣的印尼工人受到不公正的對待。政府沒有用，不給解決方案。

逃跑後被警察抓到也沒關係，他會告訴警察逃跑的原因，這樣台灣政府就會知道問題所在了。不是所有的台灣政府人員都不好，不是所有的警察都不好，他要告訴他們，仲介沒有用，政府沒有用，所以工人只能選擇逃跑。

大不了就是逃跑嘛。

想到這裡，伊登似乎覺得對自己有個交代，也對神有個交代了。他有他的苦衷，他沒做錯。伊登甚至覺得，他也要和印尼政府對話，印尼政府輸出那麼多本國工人，但卻不知道工人在台灣的遭遇，他要寫信給印尼總統。如果總統不理，那他就拍影片傳到YouTube上。公平正義屬於這世上的每個人。

愈想心情就愈是激動，剛才的煩悶疲憊感似乎緩解了一些，伊登決定從床上起來吃點東西。此時已近傍晚，天空已變成藍黑色，麻雀停在窗前又飛走。

伊登走到客廳，看到莘蒂抱著薇薇在看電視，他從莘蒂手裡接過薇薇，抱在懷裡。他兩手托起小薇薇，就像托著一隻小貓，他邊搖邊哼歌，想起女兒小的時候也是這麼一丁點，托在手裡就「嗯嗯啊啊」。現在和她通電話，女兒已經會唱歌給他聽了。

抱著薇薇的伊登心頭又暖又緊。真的要逃跑嗎？

逃跑了，女兒怎麼辦？安妮怎麼辦？

伊登說自己的生活就像坐雲霄飛車，一點沒錯，神一定是聽到他的禱告了！約莫一個半月後，新的工作許可竟然下來了。大家都替他開心，他又有兩個月找工作的時間了。更幸運的是，他還得到兩個面試的機會。

一間是小型鴨肉加工廠，另一間是移工都嚮往的大型電腦配件廠。這間電腦配件生產工廠大量引入移工，工作時間穩定，又有固定加班，有休假，薪資福利也都不錯，是很多移工嚮往的工作地點。

面試完伊登自信滿滿，他自認給出了很恰當的答案。電腦配件廠的主管問他，以後如果遇到薪資拖欠，會怎麼處理？伊登說：「我會先報告主管，如果不行的話再找老闆，不會立刻打一九五五，除非走投無路。」他覺得主管應該很滿意。

第二天他就收到電腦配件廠的通知，他被錄取了。伊登知道這個消息後，他當晚就向神感謝，禱告的時候甚至哭了。他是不輕易哭的人，只有在禱告的時候，感受到神進入生命的喜悅，才會因此哭泣。

與此同時，伊登也收到了鴨肉加工廠的錄取通知。但小型鴨肉加工廠和大型電腦配件廠，任誰都會選後者。

知道這好消息的當天，他並沒有立刻告訴安妮，因為隔天安妮休息，會搭車北上來找他。他想親口告訴她，給她一個驚喜。的確是太驚喜了，這段等待的時間不僅對伊登是折磨，對安妮也是，兩個人的命運是相連的，對方的悲喜無時無刻不牽動著另一個人。得知伊登找到工作時，安妮抱著丈夫大哭，然後他們一起向神感恩。

「世界依舊是美麗的，是上帝打開我的雙眼，讓我看到這美麗。」伊登露出了好久沒見的，輕鬆愉悅的燦爛笑容。庇護所又開始響起伊登的音樂了，他彈著電子琴，菲律賓工人和他一起唱歌。夜色撩人，月色陰沉。

三天後，伊登再一次接到電腦配件廠的電話。他們說搞錯了，要錄取的人不是伊登。一句搞錯了，對伊登來說是又一次的晴天霹靂。一句搞錯了，伊登就喪失了工作機會。一句搞錯了，他昨天才為了電腦配件廠而拒絕鴨肉加工廠。

神為什麼給我這雲霄飛車一般的生活？

伊登獨自坐在庇護所後院，看看天，看看地。我問他，你還好嗎？他說：「我現在無法思考。我的腦袋一片空白，我覺得我盲了。」

自己到底做錯了什麼？一定是做了什麼錯事，但到底做了什麼錯事？伊登不明白。

「沒有工作，沒有生活，沒有希望。」他嘆氣。

更讓他憂傷的是，他都已經和家人、和妻子說他有工作了，大家都很高興，現在要如何解釋工作沒了？要如何面對大家的空歡喜？況且，遠在印尼的家人並不能了解他的困境，他們不明白為什麼伊登五個月都不工作，不工作在台灣幹什麼？是不是一直睡覺？是不是一直玩？是不是逃跑了？

伊登不停責問自己做錯了什麼，所以神要給他這高低起伏的生活。他覺得人生完蛋了。我試圖安慰他，告訴他這不是他的錯，而是整個制度的問題。但伊登此時此刻什麼也聽不進去了，他說：「你不了解，你從未落到過這般田地。」

那一刻，我也是失語的。

我們一起沉默。

台北五月的空氣悶熱，但又不似夏天蒸得人一身一身出汗，熱得暢快。五月天裡的悶熱感，就像一鍋溫水裡的螞蟻，燙又燙不死。螞蟻從水裡一個勁掙扎著往外爬，爬到心裡，咬出一個一個的洞。

沉默了一陣後，伊登感慨，那些曾經一起在印尼長大的朋友，整天不工作，無所事事，到處玩樂，搭訕女孩，但現在混得也都不錯，為何他的生活卻陷入了如此低谷？他依舊是相信神的，這是神給予的挑戰。只是此刻，他喪失了思考能力，即便有神，即便禱告。

他說，還有六個禮拜，意味著還有六次去就業服務站找工作的機會。但其實每次去就服站都差不多，幾乎都是一樣的仲介，一樣要錢。

他說現在只要有工作，他什麼都願意做。我問他，那如果仲介給你工作，但還是要收錢呢？

伊登猶豫了。

「一點點可以，可以付五千。太多我也沒有錢。」他說。

我繼續失語。從一開始堅決不願意付錢給仲介，認為那是不公不義的事，到現在的妥協，生活讓他「圓融」了。

我問，那你還想逃跑嗎？

他說，現在不像之前那麼決然地要逃跑了。逃跑會是一個錯誤，因為逃跑後沒人會保護你，而且台灣不像印尼，到處都有監視器，警察隨時會抓人。

我們一直在後院坐到黃昏，後院晾晒著大家的衣服，天空從晾衣架和民宅的鐵皮夾縫中，露出一點無望的灰。

一個人，底層，異鄉，舉債，無法動彈。伊登那句「你不了解，你從未落到過這般田地」在我耳邊迴盪。

接下來的一個多月，伊登相繼去了好多地方面試，彰化、台東、台中、桃園、中壢、內壢、台北，只要有面試機會他就去。現在也不指望可以和妻子離得近一些了，只要不回去印尼，只求有工作。

但伊登面試卻又屢次失敗，伊登的個案負責人秀蓮說：「仲介認為他太聰明。」聰明很好啊，學得快，做得好。「太聰明是指太知道自己的權益在哪裡。」

印尼通譯麗麗也說伊登太聰明，大家去面試，其他人不講話，伊登對答如流，最後錄取的卻不是伊登。面試時考算術，其他人都只對一題，伊登錯一題，還是伊登沒被錄取。麗麗後來叫伊登面試的時候乾脆裝傻，還幫他把簡歷上的大學學歷改成高中。伊登苦笑，「我不明白為什麼台灣老闆不要聰明的人。」

還有一次，伊登差一點又找到工作了，但他的前雇主卻打電話給想要聘用他的雇主，說這個人很危險，叫他們千萬別僱用他。

神的世界善惡分明，人的世界充滿醜惡和詭計，這些伊登都明白，但他不知人還創造規則，規範他人。因著全球國家位階的中心與邊陲，因著跨國勞力的流動，總有人自以為是高人一等的神。他說最近總是很生氣，但又不知道在對誰生氣。他還沒看到那張制度的密網，每個聯合編織的人都是體制內的共謀。

七月我終於又見到伊登和安妮。安妮穿一條中長裙搭配T恤，背著後背包，長長的頭髮垂到背包上，隔著一條馬路就衝著我揮手。她的個子到伊登的肩膀處，伊登牽著她的手，兩人都笑得那麼漂亮。

那景象讓我覺得，沒有人比安妮更適合伊登，也沒有人比伊登更般配安妮。看著這兩個人就會相信愛情，會相信美好的萬事萬物，相信再乾涸的泥土也會開花，再枯萎的樹木也會發芽。會相信風吹在勞動後黏著汗滴的皮膚上，是最幸福的事情。會相信生活可以如此美麗，無論日子多麼窘困，兩個人在一起，比什麼都重要，什麼都能克服。

安妮比伊登更健談，愛笑，講起話來手舞足蹈。她說伊登沒工作的那半年，她每天都為他禱告。伊登的工作一次次落空時，她覺得那是神的旨意，神沒給的，說明是不好的，不適合他們的。不過，她偶爾也會和伊登爭吵，怨他怎麼不再努力一點。

總之，現在一切都過去了，伊登在轉換期滿的最後一週終於找到工作，在一間位於桃園的家庭紡織廠，有時候加班費不對，但是伊登覺得算了，先工作比較要緊。安妮照顧的阿嬤癌症過世，她現在在南投照顧另一個中風的阿嬤。安妮和伊登對公平正義有著同樣的執著，她說工作的時候，只要自己沒做錯事，就不會怕，「阿嬤說一句，我也說一句，不對我就要說。」

他們現在還是每天早一通電話，晚一通電話，有時候會講到睡著。每個月見面一次，有時是安妮北上，有時是伊登南下。通常是週六晚上就搭火車，週日早上兩人一起去教堂做禮拜，下午去見朋友或是找個地方約會。

兩個人一個月只能見這一面，因此倍感珍惜，要把一分鐘掐成兩分鐘來過。但有時候兩人在街頭漫步時，又不緊不緩，好像也不用那麼趕時間，因為有一輩子的時間慢慢相愛。

當我黏著可愛的安妮，故意不願意離開時，伊登就一臉恩愛地對我說：「好了啦，我們要過honey moon啦。」

「安妮，你今天跟我回家啦。」我逗伊登。

「我不要，我要跟老公回家。因為我愛他。」安妮也是一臉甜蜜地靠著伊登說。

我翻了個白眼，「好啦，再見！」

二〇一七年十一月，我在庇護所教中文課時，大門突然被打開。伊登拖著行李走了進來，還帶著另外三個工人。「嗨，又見面了，我的朋友。」雖然看上去有些狼狽，但仍然一頭捲髮，笑得燦爛。

我又高興又無奈，「我們再去喝杯咖啡，慢慢聊吧。」

老人怨

在台灣，有二十五萬名外籍家庭看護工，在照料著大家的阿公阿嬤，或是生病的家人。他們幫忙吸痰、洗澡、按摩、餵飯、清便、散步、復健等，甚至還要連帶洗一家人的衣服，煮所有人的飯，打掃一整個家的衛生，照顧老人的同時再幫忙帶小孩，或者乾脆被帶去菜市場賣菜，去農地裡種田。

一個外籍看護工月薪一萬七，卻是萬能的二十四小時工作機器，好用得不得了，划算得不得了。

除此之外，家庭看護工還是出氣包，老人、病人、家人的哀怨，全都可以往工人臉上砸。

他們是外人，更是傭人，而且還是東南亞來的人。第三世界國家，也不是什麼先進文明的地方，印尼、菲律賓人還用手吃飯，實在不成體統。若不是好用又便宜，誰要和他們共處一室？若不是這副老了、敗壞了的肉身，誰要他們照顧？哎，誰讓兒女都忙，老伴也老了，活到這把歲數，身邊只有個外傭，也實在是可悲……

愈想就愈是難受，愈難受就愈是要發點脾氣，降降火，出出氣。人老了，就剩這麼口氣了，怎麼，罵幾句傭人還不行了？

八十九歲的阿嬤和九十二歲的阿公住在台北內湖，兒女也都各自有家，平日工作忙碌，只在假日有空才會去探望兩老。阿公阿嬤家有一個來自菲律賓北部布拉卡省（Bulacan）的外籍看護工麗莎，麗莎的合約內容是負責照顧阿公。阿公已經失去生活自理的能力，吃飯、吃藥、洗澡、上廁所都需要人幫忙。這不是麗莎在台灣的第一份看護工作，但她依舊疲憊不堪，尤其是晚上，她幾乎無法睡覺。

阿公每天十一點上床睡覺，但卻總是無法入眠，因為尿意頻頻，每隔一小時就要起來上廁所。阿公不樂意包尿布，他覺得尿布是小孩子包的，堂堂一家之主，還沒老到廢到要包尿布的地步，這是身為男性的最後一點尊嚴。而且被尿布包著極不舒服，阿公無法忍受浸在屎尿裡的羞恥，所以阿公堅持自己上廁所。

阿公要起床，麗莎自然要看護著，阿公行動不便，萬一有個閃失可全是她的失職。雖然阿公想尿尿，卻又怎麼都尿不出，每次都要在廁所裡煎熬二十多分鐘才出來。因此麗莎的睡眠被割裂成無數個時間碎片，每一個夢境才剛要開始，就必須結尾。一個晚上來來回回五、六次，除非那天阿公吃完安眠藥睡得安穩，麗莎才能做個較長的夢。

雖然被尿意折磨了一夜，但老人家睡眠短，阿公五點就起床了，於是麗莎也得起床為兩老準備早點。阿公阿嬤吃早餐的時候，麗莎不能一起吃，她必須先把整個屋子打掃乾淨。

麗莎打掃的時候，阿嬤的眼睛無時無刻不緊緊盯著她。阿嬤怕麗莎偷懶，而且阿嬤總是看麗莎不順眼，而這種不順眼又講不出個所以然來。「這個麗莎，雖然平常不多說什麼話，但誰知道她心裡在想些什麼？」愈是不講話的人才愈毒，說不定還暗自在心裡咒罵他們。僱外籍勞工時仲介就提醒過她，「不要對外勞太好，對他們愈好，就愈是會騎到主人頭上。」「外勞心眼多，落後國家的人信不過。」

而且聽說外傭很會勾引男主人，雖然自己家老頭是癱了，做不出什麼事情來，但怎麼說呢？想到這個四十歲出頭的菲律賓女人，每天晚上和丈夫共處一室，心裡總是覺得不舒坦。難道是吃了這個外傭的醋？笑死人了，怎麼可能？都一把年紀了。主要還是這個女人幹活不俐落，地板和廚房都擦得不乾不淨，拿塊抹布隨便抹一抹就叫幹活嗎？都不認真點擦，家裡怎麼會乾淨？

麗莎知道阿嬤的脾氣，也不敢怠慢，用一塊小抹布把整個屋子裡裡外外擦抹乾淨，因為阿嬤不喜歡她用拖把。麗莎不明白為什麼台灣人不喜歡用拖把，她手裡那塊抹布已經被用得起了球，灰灰黑黑的，隱約間可以分辨出抹布上曾經的條紋圖案，可早已不知它曾是什麼顏色。

做完清潔，麗莎把阿公扶到客廳看電視後，才敢開始吃她一天的第一餐。這時候阿嬤會跟她說：「你去廁所吃。」麗莎就只好去廁所吃早餐，偶爾在廚房，因為廚房和廁所離得很近。阿嬤是肯定不願意和外傭同桌吃飯的，自古以來主僕就不同桌，而且東南亞人髒兮兮的，這種人只配待在廁所裡吃飯。

吃完早餐後，麗莎要洗衣服，而且阿嬤要求必須手洗。洗完，麗莎開始做午餐。午餐也不能專心做，常常被打斷，因為阿公一直想上廁所，麗莎每次忙到一半就要放下手邊工作，扶阿公去廁所。

好不容易做完了一桌子菜，把阿公阿嬤請上桌吃飯。這時候她不能吃飯，因為對阿嬤來說，請了外傭，付了錢，總不能讓她閒著，必須物盡其用才不會浪費，自己從前也是省吃儉用才撐起這個家的。阿嬤就吆喝麗莎去廚房，「你去做點事。」麗莎只好把擦過的灶台再擦一次，整理碗盤，總之不能讓阿嬤看到她閒著，否則阿嬤必會勃然大怒。

阿嬤最恨阿公和麗莎說「謝謝」。老頭子張口閉口就是「謝謝你」，吃飯的時候還會問：「麗莎你吃東西了嗎？你吃的東西夠嗎？」自己含辛茹苦在他身邊服侍這麼些年，做牛做馬，養兒育女，他可曾對自己說過一句謝謝？可曾問過自己一句溫飽冷暖？

從來都是把眼淚往肚子裡嚥，慢慢也就麻木了，不再奢求丈夫的關心愛護，自己只要做好分內的事，就算對得起這個家了。就連老頭子剛開始癱瘓的那幾年，吃喝拉撒也都是自己一手包辦，可老頭子動不動還會對她發脾氣，就當是上輩子欠了他的債，這輩子來還。而如今他對一個外傭這麼客氣、這麼關心，難道自己在這個家的地位還不如一個外傭？

所有的憤怒、怨懟都需要有個出口，否則一個人在這孤伶伶的世界怎麼撐得下去。阿嬤的出口就是麗莎，她要把在這人世間受到的委屈，全讓麗莎給擔起來。然而出於顏面，又絕對不能指著麗莎的鼻子罵：「你憑什麼收到我老公的謝謝？」更不能氣沖沖問阿公：「你為什麼謝麗莎，卻從來不謝我？」阿公不給的東西，阿嬤是不會去討的，討了便是滿盤皆輸，這口氣必須要撐住，才撐得住經年累月的委屈。「砰！」於是，每次阿嬤聽到阿公對麗莎說謝謝，她就以甩門、摔東西來發洩她的怨恨。阿嬤發脾氣的時候，麗莎總是無所適從，她覺得自己並沒做錯什麼，她只想做好自己分內的工作，領到薪水，寄回家。為了家鄉的孩子，什麼辛苦都可以忍下來的，因為從來都是一路苦著過來的。

麗莎在菲律賓有七個孩子，沒有丈夫——不是沒有，只是菲律賓是天主教國家，不喜離婚，非要離婚的話，就要支付一筆高昂的費用，大多數的菲律賓夫妻會選擇分居而非離婚，麗莎的丈夫則是直接遠走高飛。麗莎最大的兒子二十三歲，在快餐店打工，二女兒才剛畢業，在藥局工作。只有這兩個孩子在工作，以微薄的薪水幫助母親贍養弟弟妹妹，繳交水費、電費、食物費用，其他孩子都在念書，最小的才讀國小一年級。

麗莎在十七歲、大學一年級時就有了第一個孩子，於是只好中途輟學，後來很快又有了第二個孩子。在菲律賓，女孩子因為懷孕而輟學的比例很高，天主教國家又不許墮胎。受過美國殖民的菲律賓在開放和保守之間遊走，早孕的女孩成了這之間的犧牲品。

生完第二個孩子的麗莎還沒結婚，因為她從愛情的泡影裡醒來了，生活對她露出了猙獰的面目。孩子的父親喝醉酒就會毆打她，而且也沒擔起養家的責任，整天遊手好閒，麗莎不敢把自己完全交託出去。可她又軟弱無力，男人不允許她離開。

後來孩子一個接著一個蹦了出來，經濟壓力愈來愈大，麗莎的母親和弟弟前往沙烏地阿拉伯賺錢，幫助她供養小孩。她自己則去百貨公司做櫃檯賣耳機，每天只能賺得三百披索，大概一百七十塊台幣。原本菲律賓的工作機會就少，沒念完大學又要帶孩子，這是麗莎能找到的最好的工作了。

當第五個孩子蹦出來時，麗莎和那個男人結婚了，她只是不希望孩子沒有父親。那年她三十一歲，一個女人大半的青春全都給了五個嗷嗷待哺的孩子。當第七個孩子降臨於世時，麗莎的生活已經搖搖欲墜了，丈夫完全不管他們，孩子需要讀書，而他們一家人連飯都快吃不起了。

二〇一四年，麗莎決定離開她愛的孩子們，借了八萬多披索，約五萬台幣，支付母國仲介費，赴台工作，來台後要分十期償還。

這一路走得跌撞，要吃飽了飯才能有力氣繼續回憶。

阿公吃完午餐去客廳看電視，才輪到麗莎去廁所吃剩下的殘羹剩飯，一點飯、一點麵，菜都剩不了多少。接下來她洗碗，洗碗和做飯時一樣，要隨時停下手邊的事情去扶阿公上廁所。然後收衣服、疊衣服，總之手不能停。到下午兩點，麗莎實在有點撐不住了，整晚無法好好睡覺，從上午忙到下午，她請求阿嬤讓她休息一會。

阿嬤心想，菲律賓人哦，就是懶，才做了這麼一點事就要休息。「我付你錢，不是讓你來休息的，這是你的工作。」麗莎沒辦法，有時坐在椅子上就睡著了，有時為了不睡著，就滑一下手機保持清醒，每次阿嬤看到就是又一頓臭罵，還和仲介抱怨：「這個外勞每天玩手機，不工作。」

昏昏沉沉到了下午三點，麗莎要推阿公去公園散步。她獨自推著輪椅上一個很高很遠的山坡，在上面轉一圈，扶阿公走走路，活動活動筋骨，再從山坡上推下來。回家後大概五點，然後著手幫阿公洗澡。

看到麗莎幫阿公洗澡，阿嬤的火氣又上來了。即便再老，這具肉體再頹敗，可這終究是自己的丈夫啊。曾經是如此親近，在一張床上躺了幾十年，無論年輕時怎樣甜美過、吵架過、怨懟過，但這樣的親近歸根究柢還是屬於自己的。

阿嬤服侍不動自己的丈夫了，也不想服侍，憑什麼一把年紀還要再服侍這個男人？阿嬤希望兒女能照顧自己和丈夫，但心裡明知孩子有各自的工作和家庭要照顧，開不了口。看著麗莎為阿公搓洗身體，阿嬤心頭五味雜陳。

阿嬤除了生氣，也許有時心頭也會掠過一股恐懼。阿公的如今，就是自己的未來，這個未來是很近的，可能就在明年、下個月，甚至明天。終有一天自己也將癱臥在床上，動彈不得，意識不清，大、小便失禁，褥瘡會慢慢侵蝕自己的背部和四肢。現在她還能看著外傭，還能作為一個家的女主人，控制整個局面，但若連自己也臥病不起了，兒女不在身邊看著，自己的生命就全掌握在外傭手裡了，到時連一個監督的人都沒有，後果簡直不堪設想。阿嬤又怨又怕。

幫阿公洗完澡的麗莎開始準備晚餐，六點半兩老吃飯，她依舊在廁所吃完一天的最後一餐。麗莎有時會坐在馬桶蓋上，把晚飯放在流理台，從鏡子裡看食物的樣子。食物在鏡像裡似乎看起來沒那麼糟糕，綠色的菜葉在燈光的折射下，好像長成了一片生機盎然的田地。那是菲律賓的綠意。

在菲律賓，家裡缺蔬菜的時候，總能向鄰居要一把田裡的四季豆，鄰居的皮膚因農活晒得黑裡透紅，一臉笑著把豆子遞來。家裡下次去捕魚就回贈一條肥魚，或乾脆把他們一家邀請來家裡吃飯。菲律賓人十分注重吃飯這件事，大家喜歡聚在一起吃，若此時有朋友來訪，必是熱絡地遞上盤子。吃飯是重要的事，吃飽了代表活著，代表有足夠的力氣面對明天。

麗莎一邊恍惚地想著這些事，一邊從流理台上拿起碗筷，食物離開了鏡子，又打回了原本的形貌。一點米飯，一點菜，她正坐在馬桶上，四面是廁所裡的白色瓷磚。

這世界上沒人會想在廁所吃飯吧。

猶記得某次菲律賓團體Kasapi在TIWA附近的公園舉辦派對，擺了一桌子食物，有個流浪漢拿著個碗來，菲律賓人就幫他盛了滿滿一碗，「Kain tayo」（我們一起吃飯吧）是他們常掛在嘴邊的句子。於是每次在廁所吃著老人剩下的食物時，麗莎的思鄉之情就變得無比濃烈。

但能怎麼樣呢？

生活還是要過下去，而且在台灣，移工沒有自由轉換雇主的權利。

晚上的工作和白天無異。洗碗，帶阿公上廁所，扶阿公去客廳看電視，再把廚房擦洗一遍。依舊是那塊小抹布，在夜色混合著白熾燈的光線下，顯現出一股青灰色的光。這股光剎那間刺痛了她的眼睛，眼淚就要流下來，但立刻在阿嬤嚴峻的視線下即時止住。

忙到九點，麗莎洗澡，接著幫阿公量血壓。九點半開始幫阿公按摩，按摩一、兩個小時後，阿公準備睡覺。睡覺前阿公需要吃藥，包括安眠藥。餵藥是阿嬤唯一不允許麗莎參與的事，因為阿嬤覺得麗莎會給阿公餵錯藥，她對麗莎說：「你不能給阿公餵藥，只有我可以。」對丈夫生命的掌控，是一個女人對一個男人最專制，也是最無奈的連結。

十一點後，麗莎又迎來了漫漫無眠的夜，折磨人心的夜，思鄉情切的夜，自艾自憐的夜。在這周而復始、疲憊又壓抑的日子中，有時候她甚至累到忘記了悲傷，連哭的力氣也沒了，只想好好睡個覺。

二〇一七年四月三十日，TIWA提前在勞動節前一日舉行「移工大遊行」。那天正值週日，麗莎想，早上可以去教堂做禮拜，下午去遊行，但又不敢直接向阿嬤提出這個要求，因為每次她要休假，阿嬤就會生氣地質問她：「你為什麼要外出？你沒有錢，你外出要花很多錢。」麗莎只好迂迴地請求她之前在TIWA的個案負責人密莉安，由密莉安告訴仲介，再由仲介轉告阿嬤。事實上，麗莎連仲介的電話也沒有，仲介除了每個月扣除仲介費用外，也不會來管她。

一個月一次的休假是快樂的，也是奢侈的。麗莎一早就穿上相對體面的衣服，來到中山北路的聖多福天主教堂做彌撒，因為只有這裡提供菲律賓語彌撒。她誠心誠意向神禱告，祈求工作順利，家人平安。做完彌撒，便來到TIWA辦公室，如果能碰到其他菲律賓看護工朋友是最開心的，因為大家都一個月只休假一次，能在同一天休假見到彼此的機會不大，見到了就要拍上一大堆照片，然後在中山北路的菲律賓快餐店吃上一點家鄉菜。

中山北路一帶被稱為「小馬尼拉區」，以聖多福天主教堂為地標。五〇年代這裡曾是美國租界，並延伸出很多娛樂場所，作為美軍脫離戰場的休閒聖地。美軍撤台後，中山北路的空間慢慢被外商和外僑所取代，漸漸演變為菲律賓移工假日的聚集地。這裡有菲式餐飲、酒吧、超市、銀行和郵局等，在週日聚滿了菲律賓移工，他們來做禮拜、寄錢回家、採買食物，或是乾脆去喝酒跳舞，在這一天消解平日工作裡的煩悶。

麗莎不如其他菲律賓人那麼樂觀外向，她總是安安靜靜，又小心翼翼的，除了與朋友聊天和寄錢回家，並不常去酒吧玩鬧。她甚至很少買預付卡，三百塊一張，打回菲律賓一分鐘五塊，餘額可以轉換成網路。手機可以說是移工與家鄉和外界連結的「性命」，但麗莎不捨得給手機儲值，她需要把所有小小的錢都省下來，讓家鄉的七個孩子上學、吃飯。

中山北路的菲式郵局提供寄存服務，只要買一個箱子，就可以盡可能地往裡面裝東西，裝滿了郵局便會幫忙寄出。箱子不算重量，算大小，所以很多菲律賓媽媽會在手頭寬裕時買些「來自台灣」的禮物，衣服、鞋子、公仔、巧克力等，慢慢把箱子塞滿，寄去給家鄉的孩子。孩子們都喜歡禮物，更何況是來自夢幻台灣的禮物。每次路過郵局，麗莎會看一眼那些代表喜悅的箱子，她有七個也同樣期待禮物的孩子，可她從來沒有塞滿箱子的餘裕。

一個月一次的休假，才不要傷春悲秋，而且這天是移工大遊行，要從勞動部走到凱達格蘭大道，工人們不分國籍，都興奮不已。這不僅是休假，不僅是狂歡，這是可以正大光明地走在異鄉街頭，為自己的權益抗爭的日子。麗莎在菲律賓從未參與過任何抗議遊行的活動，在人群裡，她也不是喊得最激烈的那個，但與同伴一起抗爭，讓她覺得自己也在戰鬥著。

「We people, united, will never be defeated.」菲律賓人肩並肩唱跳著。

烈日下，大家熱情不減地一路走到凱達格蘭大道。畫著巨幅總統頭像的布條已經架好在鷹架上，上面用中、英、印、越、泰文寫著總統上台前承諾勞團的話：「喘息服務這是一定要的，『家事服務法』一直沒通過這件事我們一定會優先處理。」

TIWA、通譯人員、工人們和串聯團體講完話後，所有移工一起用印著工人訴求的紙折成的紙飛機射向布條，象徵總統沒有履行當初對勞工的承諾。那一刻，紙飛機漫天飛舞，有個印尼女孩激動地衝到布條最前面，撿起地上的紙飛機猛砸總統的頭像，宣洩自己的不滿。

也許他們和麗莎一樣，對台灣的選舉和法條一知半解，但他們所受到的壓迫卻是一樣的。家事勞動者一直都沒納入《勞基法》的保護，因此在解僱、休假、退休、職災等方面，是全然沒有法律可以保障的。因為不受《勞基法》保護，家務工經常面臨的問題是，工資不能調漲、超時工作、全年無休，還有工作內容和工作環境得不到規範。因為工作內容得不到規範，所以家庭看護工經常面臨各種「許可外工作」。合約上明明寫著照顧老人或病人，卻做著幫傭的工作，或者更糟，要照顧小孩、打掃衛生，甚至被雇主帶去工廠或親友家輪番打掃等等。申請外籍幫傭條件嚴格，而且申請「家庭幫傭」要比申請「家庭看護工」繳交更高的就業安定費，因此申請一個家庭看護工根本就是一魚多吃。

家庭看護工的工作和家庭領域高度重疊，所以上、下班時間模糊，內容難以被清楚定義。看護工經常被要求與被照顧者同房，缺乏獨立的私人空間，而且就算被照顧人休息了，他們實際上還是在待命中。

很多看護工不能休假，甚至無法外出或使用手機，這使他們處於極度封閉的工作環境之中。更甚者，他們可能遭到誣告威脅、性侵虐待，而在那樣封閉的家庭場域中，當這些悲劇發生時，是很難舉證的。近年來，在高強度的勞動環境下，罹患精神疾病的看護工比例也在逐年增加。

就算雇主願意讓勞工休假，也沒有替代人手。在「長照十年計畫」以及此後的「長照2.0」中，明文規定聘僱外籍看護工的家庭是不能申請「喘息服務」的。

「喘息服務」是針對家庭照顧者，也就是照顧失能者的親人，所提供的喘息服務。居家服務員會到失能家庭代為照顧長輩，使家庭照顧者有一些休息和喘息的空間，服務時數依照失能程度決定，輕、中度一年最多十四天，重度則是一年最多二十一天。

外籍看護工是完全被排除在長照制度外的，弔詭的是，全台有二十五萬名外籍看護工在擔任長照工作，政府認為家人需要休息，而移工不需要休息。

很多外籍看護工全年無休，或是一個月只能休假一次，如果他們也可以被納入「喘息服務」，一年至少就能多一些喘息、休息的機會，被照顧者也能得到更有品質的服務。人畢竟是血肉之軀，不是工作機器。

麗莎的性格溫和有禮，又似乎天生帶著一點逆來順受，她手上的紙飛機輕飄飄飛向天空，哪怕風再強一點，也沒有足夠的力道砸到布條上。陽光落在她蒼白的臉上，不帶一點妝，眉眼清淡，笑起來像是一條青魚緩緩流過水面。

遊行結束後，麗莎在約定的八點回到家裡。阿嬤坐在客廳等她，一臉不悅。

「你出門，你高興啦。」

麗莎說：「我去教堂拜拜。」

「別騙人了。」阿嬤怒氣沖沖地大聲罵她。

當天晚上，阿嬤故意不給阿公吃安眠藥，所以阿公一晚上都睡不著。除了頻繁上廁所外，還有輾轉反側、難以入眠的哀嘆，自顧自說著一些麗莎似懂非懂的話。麗莎連小睡片刻的機會也沒，阿公不睡，她就不能睡，因為看著阿公是她的工作，睡著就是失職。雖然阿公人很好，不會罵她，可兩個人的關係終究是建立在一個剝奪、一個被剝奪之上。

隔天早上，麗莎照樣五點起床準備早餐，在廚房工作時，她感覺心臟跳得異常迅猛，一口氣積壓在胸口，使她覺得呼吸困難。麗莎捂著胸口，猛然間暈頭轉向，眼前一黑，摔倒在地上。

阿嬤看到後，竟指著她哈哈大笑起來。

麗莎哀求，「阿嬤幫我。」

「你別開玩笑了。」阿嬤覺得好笑，這個菲律賓女人還真會演戲。

「我沒有開玩笑，我覺得不舒服。」麗莎繼續哀求，她完全動彈不得。

最後阿嬤叫來了警察，把麗莎送進醫院。那時麗莎已經失去意識。麗莎醒來時，人在急診室打點滴，睜開眼睛就看到阿嬤的女兒帶著兩個警察來了。

阿嬤的女兒問她：「你為什麼躺著？你起來，你給我起來啊，回去照顧阿公，阿公現在沒人照顧。」

但麗莎一點力氣也沒有，她整個人都茫茫的，在阿嬤家工作的二十五個無眠夜已經透支了她的身體，她什麼也說不了。

阿嬤的女兒堅持，「你不起來，我就叫警察把你弄起來。」

無奈之下，麗莎只好打一九五五申訴。

一九五五讓醫生做決定，如果醫生說麗莎可以起來，那就跟雇主回家，如果醫生說不行，就不能帶走她。雇主的行為醫生看在眼裡，醫生對雇主說：「你不能帶走她，她今天的狀況很不好。」雇主聽了，十分生氣地離開了。

第二天，仲介打電話給麗莎，說如果她不回家工作，就報她逃跑。麗莎能怎麼辦呢？因為長期睡眠不足和高強度的工作，她身體虛弱，喉嚨沙啞。她向醫生求助，「請幫助我，我不想回去阿公家。」

前一天的情形讓醫生也為麗莎感到不平，就幫麗莎打電話給勞工局。於是麗莎再一次回到ＴＩＷＡ庇護所，這已經是她第三次回來了。

回到庇護所的麗莎總算得到了休息，但卻要面對再一次失業的焦慮。在台灣工作兩年多的時間裡，母國仲介費的借貸還有六個月沒還完，利息變得愈來愈高。她既想快點找到工作，又害怕下一個雇主。

「如果下一個，再下一個，都是一樣的態度……」她捂著臉哭了起來。

麗莎在台的經歷可以說是百轉千折，而且幾乎囊括了很多家庭看護工會遇到的狀況。

她的第一份工作在桃園，合約是照顧阿公，但實際的工作卻是照顧兩個孩子，一個十歲，一個五歲。她還要包攬全家的家務，那個家總共有八層樓，五間廁所，打掃時麗莎不被允許使用掃帚或吸塵器，做任何事情都只能使用抹布。她要蹲在地上用抹布把地板、樓梯、馬桶全部擦洗乾淨，有時候抹布用舊、用壞了，擰水時垂下來的棉線會纏住麗莎的手指，她只好把抹布折起來，繼續使用。

麗莎每天要煮全家的午餐和晚餐，自己卻只得到半碗米飯、一點魚，有時只有蔬菜，甚至只有湯，也只能在廚房吃飯。除此之外，她還要幫忙雇主洗貨車。每天從早上六點忙到晚上十二點，晚上和五歲的小女兒睡一個房間，如果小女兒不想睡覺，她就必須先哄孩子睡著後才能睡覺。

因為沒有足夠的食物，麗莎總是很餓，總是很累。雇主不讓她外出買東西，她也不能喝雇主家的咖啡，或吃雇主家的其他食物。一個月後，她請求仲介幫她換工作。仲介很生氣，但還是答應了，條件是轉換期間她要住在仲介家幫忙打掃煮飯。

兩週後，她轉換到第二個雇主家，在桃園照顧九十六歲的阿公。阿公家很小，大概只有一間便利商店那麼大，和兩個女兒同住。兩個女兒都未婚，年紀也都很大了，其中一個還有點精神問題。

僱主是沒有精神問題的那個女兒，她只准麗莎叫她姊姊。麗莎每天的工作是從凌晨五點到晚上十點半，全天照顧阿公的生活起居。他們四個人擠在一個小屋子裡生活，兩個女兒有各自的房間，麗莎和阿公同住。

這個小小的家滿是問題和算計，有精神問題的女兒只要看到想要的東西，不管是誰的，就會毫不留情地搶走，不管是錢、衣服還是食物。麗莎的東西也曾被她搶走過。另外一個女兒很囉嗦，而且非常在意錢財，生活用品和吃食都和家人分開使用，對阿公十分吝嗇。如果麗莎告訴姊姊，阿公的尿布用完了，姊姊便會質問她為什麼用完了。麗莎說，阿公會尿尿、會大便呀，姊姊才不情願地去買一些回來。

姊姊會提供阿公一些食物，但都不夠，也不算好，而阿公也老得只能吃稀飯，所以麗莎和阿公每天早、中、晚都只吃稀飯。阿公常和麗莎說：「你吃，你想吃什麼，就吃。」可要吃什麼呢？他們也只有稀飯可以吃啊。

麗莎每天早上五點起來煮稀飯，打掃，吃完早餐後帶阿公去復健兩個小時，然後回家，繼續煮稀飯當午餐。有時吃完飯要幫阿公洗澡、換尿布，但阿公常常在這時候發脾氣鬧彆扭，還會動手打麗莎，甚至把黏著大便的尿布扔到麗莎的臉上。

麗莎並不生阿公的氣，她知道阿公人是好的，只是心中載滿了哀怨，兩個女兒對他不好，他亦無法接受這副行將就木，不能走路、無法自理、包著尿布的身體。有一次，阿公跟麗莎說：「之前我是將軍，但現在是個敗將。」他心裡難受時就會一邊打麗莎，一邊喊著「我想死，我想死」，平靜下來後又會和麗莎道歉。作為那樣一個冷漠家庭的「一員」，麗莎覺得她能理解阿公內心的苦楚，她給予阿公足夠的耐心，安慰這個落魄的將軍，對抗生命的涼薄。

七個月後，阿公去世，麗莎哭得比誰都傷心。她說：「女兒們對阿公不好，阿公才會這樣。」她也想起阿公溫柔的那些時刻，他對她說：「對不起，謝謝你。」

阿公去世兩週後，麗莎被仲介安排到新竹工作。那是她在台灣落入過的噩夢裡，最深、最暗的一次。

麗莎的合約本是照顧阿嬤，但在那裡沒有阿嬤。雇主是個商人，開汽車維修廠，麗莎每天六點起床，要手洗老闆、太太和他們兒子的衣服，然後開始打掃大房子。把雇主家打掃乾淨後，麗莎會被帶去汽車維修廠打掃工人的宿舍，宿舍總共有三個房間、兩間廁所，弄乾淨之後，還要幫工人煮飯、洗衣服。「雖然那裡也有很多工人，但我是傭人，不是工人。」麗莎說。

麗莎最不堪重負的，是要幫忙徒手搬重物，「那些工具、油，我總是要背，很重，要搬到很遠的地方。」週一到週四都是如此，每天忙到十一點半才能睡覺。她雖然不是嬌弱的身材，但卻只有一百五十五公分不到的個子。一個四十歲的女人，來台灣做看護工，怎麼負荷得了搬運重物？

到了週五，老闆會載她去自己的另一棟房子，一樣六點起床，去那裡打掃、洗衣服。房子周圍是一塊非常大的農田，麗莎無法說出具體是多大的田，當她用手比劃那塊田時，是一個從「這裡」到很遠的「那裡」的地方，彷彿台灣與故鄉的距離。做完家務，麗莎被帶去田裡拔草、種植和採摘各種蔬菜，也是忙到晚上十一點半才能睡覺。雖然很累但又難以睡著，因為彎著腰做了一整天的農活，讓她的腰部無法躺直。這是她週五到週日的生活。

而且麗莎總是好餓，雖然前兩份工作都沒有足夠好、足夠多的食物，但在這份工作中，她只能得到一點湯、魚骨或魚尾，有時連米飯也沒有。

兩個月後，趁雇主沒注意，她逃跑了，她一直跑一直跑，直到看到一間便利商店。她趕緊向店員尋求幫助，她非常害怕，因為雇主的家就在附近。麗莎希望店員幫她打電話給ＴＩＷＡ，那是上一份工作阿公死時，在醫院得知的地方，聽說他們會幫助有困難的勞工。

那時麗莎沒有手機，沒有網路，身上只有五百台幣，因為她把全部賺到的錢，都寄回菲律賓給她的孩子們了。後來店員找來自己的女兒，帶麗莎去火車站，一番尋尋覓覓才抵達ＴＩＷＡ。

勞資爭議解決後，麗莎迎來她在台灣的第四份工作：在台北萬芳照顧一位阿嬤。阿嬤很拮据，連麵包的數量都會每天細數，也總是嘮叨，總是打她，洗澡時會用蓮蓬頭敲麗莎的頭。若麗莎早上起得比她晚，阿嬤隨手抓起什麼就打麗莎。阿嬤的女兒住在男友家，很少回來看她。工作一年多後，阿嬤被女兒扔進安養中心，麗莎自此沒拿到薪水，兩個月後她只好再向ＴＩＷＡ申訴。麗莎提到後來就沒人再照顧阿嬤了，阿嬤讓她想到第二份工作的阿公，因為阿嬤也時常哭，時常把「我想死，我想死」掛在嘴邊。

如今再度回到庇護所，麗莎陷入了和伊登一樣沒工作就要被遣返的窘境。兩個月找工作的期限，麗莎面試了一次又一次。這次她雖然還是迫切需要工作，但她也希望可以找到一個善待她、讓她安心工作的好人家。過去兩年工作經驗留在心裡的痛楚，時時在午夜夢迴之際縈繞在她的腦海。庇護所的其他菲律賓女孩說，麗莎常在半夜哭泣，或是一個人坐在客廳的沙發上發呆。

每一段工作經歷都變成一個創傷，牢牢黏固在麗莎的心裡。她常常在白天歡笑，在夜裡哭泣。她希望趕緊找到新雇主，但又害怕每個雇主都如此對她。她問自己的人生到底發生了什麼事？是她的命原本就如此不幸，還是這個世界原本就如此殘酷？

她在菲律賓的家太窮了，家裡沒有網路，錢都花在食物、水電和學費上，因此要聯絡家裡只能發簡訊，和女兒約好時間，女兒再去網咖和她視訊。有時她不太想聯絡孩子們，雖然她很思念她們，麗莎夢想中的生活就是和孩子們住在一間大房子裡，陪伴他們成長，可在庇護所沒有工作的日子裡，收到孩子們的訊息卻讓她焦慮無比：「媽媽，請寄錢給我們。」

「但我能怎麼做呢？」麗莎又捂住臉哭了起來，「我很胖，但……」說完，便再也說不下去了。我猜她想說的是：「我很胖，但我的心不壞。」

一個心腸並不壞的尋常菲律賓女人，為何卻在這裡遭遇接二連三的不幸？在庇護所和她交好的菲律賓女孩，麗莎叫她「小鳥」，因為女孩的名字伊鳳聽上去就像塔加洛語的「小鳥」。小鳥說：「有些人只當我們是工人。」

「不，是抹布。」麗莎說。

小鳥伊鳳很年輕，二十六歲未婚，來自菲律賓棉蘭老島（Mindanao），曾經在菲律賓的安養中心工作，付了六萬多披索的仲介費（約四萬台幣），她是來台灣賺一個未來的。伊鳳的工作是照顧一位八十三歲的獨身阿嬤，受過高等教育，曾經在新加坡住了很久，如今回台兩年，會講英文。因為阿嬤一生未婚，並為自己還是處子之身感到驕傲，因此不許伊鳳叫她阿嬤，要叫阿姨，否則便會生氣。對伊鳳如此，對其他人也是如此。

伊鳳和她的名字一樣，就像隻天生雀躍的小鳥，喜歡唱歌跳舞，喜歡開玩笑，有著菲律賓人慣有的樂天精神。阿姨太嚴肅了，伊鳳想讓她快樂一點，當她手舞足蹈邀請阿姨一起跳舞時，阿姨卻說：「別這麼做，你的身體是金子做的嗎？我不想碰，我要去洗手了。」這讓伊鳳沮喪無比。

伊鳳的樂天精神，讓阿姨覺得煩躁。這菲律賓女人的歌聲和舞蹈都和她一貫保持的安靜相悖，生活已經夠讓人心煩了，這些噪音只會讓人墮落。因此她總對伊鳳說：「你很瘋狂。」

伊鳳不解，她問阿姨：「你為什麼不想要快樂？」

「我為什麼要快樂？我的快樂是打掃我的屋子。」阿姨一臉冷淡。

「阿姨，我的快樂是我的手機。如果每天晚上都能打電話給我的家人、我的兄弟姊妹，我會很快樂的。」

「你來台灣是為了快樂嗎？你是來工作的。」阿姨用一種鄙夷的語氣回答伊鳳。

伊鳳無奈，爭取使用手機的抗爭再一次以失敗告終。

伊鳳一週只被允許使用一次手機，因為阿姨不喜歡伊鳳和別人講話，尤其是菲律賓人，也許是怕把外面的「髒東西」帶回家吧。阿姨不明白為什麼伊鳳總是打電話給家人，難道覺得這裡不安全？一個人獨處得太久，就自然而然失去對外界的需求，也許年輕時阿姨就是這麼一個人努力撐完了大半的人生，也許她寂寞過，受傷過，失落過，但時間久了，便也遺忘了這些感覺。感知變得麻木，也就不再需索快樂，都是虛妄。

同時，阿姨也是個十分節儉的人，對伊鳳來說，是節儉到了吝嗇的地步。因為阿姨不許她給手機充電，因為這樣會使電費增加。可手機對伊鳳來說就是她全部的生命，她要用它保持與家人和外界的聯絡，才不致在一個小房子裡發瘋。

最後她們協商，每個月伊鳳支付阿姨兩百塊的手機充電費。不久後阿姨要求增加到三百，伊鳳不願意，這件事也就不了了之。但阿姨的眼睛仍隨時盯著伊鳳那支時時想與外界聯繫的手機，不許它逾越了自己一生遵守的價值體系。

阿姨最喜歡做的事情就是打掃，因此伊鳳的工作就變成反反覆覆的打掃。伊鳳每天早上五點起床後去煮飯，之後就開始她的清潔工作。她也只有一塊抹布，要把全家上下裡外，每個角落、每條縫隙都擦拭一遍。阿姨不許她使用拖把，因為拖把會把地板弄壞。冬天的水很冰，但伊鳳不能用熱水，有時冷到她感覺不到自己的手。伊鳳工作的時候，阿姨則在旁邊指揮，「上下上下，左右左右。」直到阿姨覺得乾淨為止。若在打掃期間伊鳳去廁所，阿姨必掐著時間等她，上廁所的時間超過兩、三分鐘，便會敲著廁所的門問：「為什麼這麼久？你在裡面幹什麼？」

有時打掃完無事可做，伊鳳也不能回去自己的房間休息，阿姨要她隨時待命。阿姨在客廳準備了一張專門給她坐的椅子，那是一張刷了亮漆的暗黃色木椅，不如原木色看起來那麼自然，在室內發出一種奇特的幽光。椅面有個凹槽，上面有被刮傷的痕跡，椅背很高，鏤空，靠上去很硬，有時會把背部的肉擠進去。

那張椅子只屬於她，她也只能坐在那裡，客廳的沙發沒有她的位置，廚房的其他椅子她也不能觸碰。伊鳳彷彿是吸油煙機上的陳年油汙，機車排氣管排出的未燃盡廢氣，流感盛行時從口罩下溜出來的病菌，所以阿姨要把她隔離開來，與自己的乾淨整潔劃清界線，也把主僕的地位明確標示。

伊鳳在那張椅子上什麼也不能做，不能玩手機，這個家裡也沒有任何她可以看的娛樂節目，或者任何她可以閱讀的書籍，伊鳳更不能在椅子上打瞌睡。伊鳳是一隻天生的小鳥，但這房子好像一座鳥籠，而那張椅子則是她的站桿。雖然椅子是阿姨給的，但若是阿姨看到她一直坐在椅子上，便會生氣，「你什麼都不做，只在那邊放鬆。」

既然家裡的椅子都不能坐，那飯必然也是不能一起吃的。阿姨在客廳吃飯，伊鳳只能站在流理台旁邊吃。她會得到很多米飯，和很少的菜。

伊鳳畢竟是一隻快樂的小鳥，她還年輕，沒有結婚，也沒有贍養小孩的負擔，她還在探索和開拓她的人生，所以她並未因這些事感到沮喪絕望。但有件事是讓伊鳳完全無法忍受的，她談起這件事時，語氣比談論其他任何事都高亢，因為她覺得相當荒謬。

伊鳳一週只能洗兩次衣服，其他時間阿姨不許她更換衣服，因為洗衣服會耗費水電。每次伊鳳洗衣服，阿姨就會在旁邊看著，邊看邊碎念：「你到底要洗多少衣服啊？為什麼你有那麼多衣服？」「因為我穿了啊。」伊鳳答。

然而，伊鳳週一到週五上午都要陪阿姨去醫院，中午回家吃飯，下午再去醫院復健。人當然需要每天換衣服，出門了必然沾到汙垢灰塵，台灣潮濕的氣候最容易讓人出汗了，而且醫院裡又漂浮著無數病菌。儘管如此，阿姨還是認為她不需要更換衣服，因為阿姨自己也不換衣服。

伊鳳不能理解這種邏輯，如此潔癖的阿姨，卻可以忍受一週不換衣服？不過這當中，又隱約有某種可供參考的軌跡。

阿姨有外出服和室內服，出門時是外出服，在家時是室內服。室內和室外，涇渭分明，不用更換衣服就顯得符合邏輯。這就像阿姨和她隔離開椅子、食物、住所、肢體，洗衣服時阿姨可以用洗衣機，伊鳳只能手洗，這些都有內和外的差別。內是自己，外是傭人；內的一切是潔淨，外的一切則是不潔。

伊鳳無法忍受不能換洗衣服的日子，這讓她覺得自己渾身起臭味。而且二十六歲的女孩，她需要讓自己看起來漂亮，哪怕她每天都和阿姨待在一間小房子，不能出門與其他菲律賓人交流，她還是需要保持自己的活力，才不會在腐朽陰沉的氣息中潰爛。

阿姨晚上九點後看電視，伊鳳被允許去睡覺。她的房間其實是屋子內的閣樓，從客廳到房間，總共十一層階梯，她每天都數，數完之後就完全沒入無盡的黑暗，因為房間內沒有燈。五個月後，伊鳳和阿姨協商，阿姨同意讓伊鳳轉換雇主，但仲介不想管，要麼回家，要麼就自己找到新雇主。找工作期間，阿姨讓伊鳳繼續留在她家工作，每週日阿姨同意她出去尋找新雇主。有時伊鳳能感覺到阿姨的孤單，也許阿姨並不想她離開，但阿姨表達自己感情的方式永遠都是生氣。有次她看到伊鳳在用手機，又忍不住大吼：「你離開我的家，去仲介那邊住吧。」

伊鳳離開前，把整個家又打掃了一次，包括她睡覺的地方，以及那張必須坐著，又坐不住的椅子。我忘記問她有沒有和阿姨告別，又是如何告別的。人和人的感情，有時就像一張椅子，沒有好不好，只有舒不舒服。

後來仲介要她一天付台幣三百五的住宿費，她打電話給勞工局後，仲介要她滾蛋。伊鳳談起阿姨時並不覺得她對她很壞，只是她需要手機，她不想要每天坐在客廳的那張椅子上發呆。

這是伊鳳在台灣的第一份工作，她不知道未來會遇到怎樣的雇主，會不會成為下一個麗莎。在台灣的外籍看護工，其實都在與他們照顧的阿公阿嬤一起，經歷著一場場生死輪迴。都說人間百態，有時卻又相似地千篇一律。弱弱相依，弱弱相殘。

轉換期的最後一週，麗莎經歷了無數個焦慮的失眠夜後，她終於接到了一通救命電話。新的工作是去中壢照顧一位阿嬤，家裡還有阿嬤的兒子和兒媳，阿嬤看上去笑笑的，麗莎覺得這應該是個好人家。她的工作是負責幫阿嬤煮飯、洗澡、餵飯、打掃房間等，雖然心裡難免還是會緊張，但麗莎說為了她的七個孩子，她要「fight and fight」。

二〇一八年二月，麗莎四度回到庇護所。她照顧的阿嬤過世後，雇主就要她立刻打包走人，仲介從雇主家接走她後，把她丟在內壢火車站便離開了。她的手機依然沒儲值，所以只能撥通免費的一九五五來到TIWA庇護所，回來的路上她又冷又餓。

繳了六個月的仲介費，卻從沒見過自己的仲介，第一次見面就被丟在火車站。麗莎好像真的就是一塊抹布，被台灣的失能家庭使用到破爛不堪後，就可以被輕易丟掉。但這一次，麗莎看上去似乎並沒有前幾次那麼絕望，或許是麻木了，又或者只是習慣了。

後來聽說她戀愛了，兩個人都有個破碎的家庭，但對方願意把她的孩子當成自己的孩子來撫養。他們打算在台灣賺夠錢，回去菲律賓做生意，買一些豬仔來繁殖，然後把小孩好好養大。她的右手無名指多了一枚戒指，後來我在那個男人手上看到了同樣的另一枚。

雖然生活還是有它失望和辜負的一面，但麗莎在瑣碎的蛛絲馬跡中，似乎又看到了希望的鏡影。

囹圄城中城

「我從來沒看過台灣是什麼樣子。踏上台灣土地的時候，卻是在監獄裡，這是天意吧。」

從外籍受刑人，而且是境外漁工口中聽到「天意」兩個字時，我有一些啞然。我不知道上蒼是如何來為我們這些藐茲一身的凡人安排命運，也許有些事，從一出生就註定好了，而有些事，卻是命途中的選擇。

一念天堂，一念地獄。只是，何為天堂，何為地獄？尤其在那蒼茫無邊，海上的遠洋漁船。

二〇一七年六月二十一日，我第一次去探望阿冀，在排隊等待時我有些緊張，思忖著會見到怎樣一張面容，該如何介紹自己，又該說些什麼。二十二梯次，二十七窗口，進入接見室大門後一路向右走。通道很窄，剛好容納一個人走路的寬度，右邊是牆壁，左邊則是探視窗口。窗口前已經整齊坐好了一排受刑人，清一色平頭、灰色囚衣，隔著玻璃窗和生鏽的鐵網與另一邊的親人朋友對望。

我惴惴不安地走到二十七窗口，阿冀已經在鐵窗的另一邊了。三十四歲的他看上去有些蒼老，頭髮稀疏，圓臉，戴著眼鏡，皮膚很白，五官不如其他印尼人那麼深邃，是中年人微微發福的體型。手上戴著紫色串珠，他的樣子很像在街口吃麵時常會遇到的，隔壁餐桌帶著孩子吃晚餐的父親。

當我在他面前坐下時，他向左右張望了幾下，用一臉疑惑的表情望著我，彷彿是怕我搞錯了座位。我對他揮手微笑，表示自己沒搞錯。「嗶──」一聲長音後，我和他各自拿起面前的電話。我表明身分和來意，阿冀臉上的疑雲才消散，繼而轉為開心。

阿冀是境外漁工，在台灣既無家人又無朋友，所以不會有人來探望。二〇一六年，阿冀因為和「和順才237號」案的帕瓦同家工廠，得知外面有個組織會幫助外籍受刑人後，便鼓起勇氣寫信給TIWA。他在信裡寫道：

我在監獄裡已經八年，我需要外面的支持和幫忙，特別是從印尼政府，因為我在台灣沒有朋友和親戚。我曾經寫信給總統Jokowi先生，還有寄給印尼辦事處，但是沒有一點回音和反應。如果可以直接說，我們在這裡很可憐，我們需要支持和激勵，需要動力和指導，需要光明，給我們力量和忍耐經歷這個刑期。

有來自外面的人能會客總是開心的，阿冀和我講起最近的狀況，他換了工廠，裁縫課程這週就要畢業了，之後便能在工廠裡做衣服。他說自己在監獄第九年了，爸爸已經過世，兄弟姊妹也都不在家了，家裡只有年邁的媽媽和六弟。他中文不錯，講起話來客氣有禮，笑的時候也很收斂，牙齒才剛從笑容裡露出來，嘴角便又把它們收回去。

問到之前的案子，阿冀的神色裡立刻糅雜著憂傷、沉痛和憤怒，他說自己在香港工作，上的是台灣老闆的漁船，老闆不但罵人，還打人。他強調了好幾次，「罵人可以，不要打人就好了啊。」

「工作非常累，還要被打、被罵就很生氣，」他一邊說一邊做著被打頭的動作，「第一次看到這樣的老闆，最後才做了衝動的事。」阿冀的語氣愈說愈激動，而我握著電話的手也愈來愈緊，生怕一鬆手，就會隨著他的記憶捲入海浪裡。

說完案子，我們都有些尷尬，沉默幾秒後我問他等下要做什麼，他說還能趕上三點半的裁縫課。我正想問他有沒有需要買點什麼，電話就猝不及防地掛斷了。阿冀的聲音消失了，剩下被嘈雜包裹著的沉默之聲。

隔著鐵窗他用手比劃寫字的樣子，應該是說會寫信給我，然後站起來和同一梯次的人向鐵門走去。我邊走邊朝他揮手告別，他很靦腆地笑著，走進去又回頭，直到我看不到灰色的囚服和他腳下的藍白拖。

回到會客大廳，我突然覺得熱浪襲來，才發覺原來裡面是那麼冷。也許是冷氣太強，也許是會客室的白瓷磚、鐵皮牆把暖意都吸盡。十五分鐘可以講的話很少，又因為時間限制，必須把對話的密度壓縮，那十五分鐘也就因為緊湊而顯得迅疾。當我回歸到會客大廳的自由空氣中，時間的面容又慢慢舒展開來。

我抽了號碼牌，填了接見單，接著在會客大廳坐下等著見下一個受刑人阿森。

阿森和阿冀是同案受刑人，他們都是二〇〇八年以「強盜殺人罪」被指控的境外漁工，兩人的刑期都是二十年。同案還有另一名境外漁工卡力，因是主謀被判以無期徒刑，到現在還是四級受刑人。

根據北監的規定，四級受刑人的接見對象以親屬為限，因此漫長的刑期裡，卡力應該從未被探視過。況且作為境外漁工，從未踏上過台灣土地，又怎能奢望有外面的人來探望呢？這又讓我想起阿冀寫給ＴＩＷＡ，請求探視信裡的文字：「在這個黑暗的監獄走道中，有一點光明照亮在我心中。」

我無從揣摩卡力心中是否還存有光明和希望，ＴＩＷＡ曾經透過公務會面見過他，他來自印尼中爪哇省（Jawa Tengah），已經五十三歲了，有三個孩子，而且他已經做阿公了，二十七歲的大兒子也在做漁工。他說幸運回到印尼的話都六十幾了，沒辦法工作了，不知道往後的日子要怎麼辦，現在只能每天禱告。案發時已經四個月沒拿到薪水了，迫於養家的壓力才鑄下大錯。

我一邊遙想著在海上工作的樣子，卻無論如何也無法想像出那該是多麼窘迫的境況，於是我只能盯著登記窗口前的輸送帶，看裝著食物的五顏六色的塑膠袋緩緩被送去檢查。記得有次另外一名受刑人說想吃肯德基，但因為有生菜和沙拉醬而被要求當場挖掉，漢堡被送出來挖生菜前，就已經因為檢查而大卸八塊，最後的模樣慘烈無比。

想著想著便輪到了我的梯次。二十六梯次，二十七窗口，很巧地和剛才的阿冀同一個窗口。進入接見室的門，我再一次被冰冷的空氣襲擊，白熾燈把心裡的忐忑照得通透。在同一個窗口坐下，阿森已經坐在那裡，當我與他對到眼時，他嘴唇微張，後來才知道原來是看到陌生人，被嚇到了。

電話鈴還沒響起，在這之前，彼此沉默對望的時間如同凝結的冰，大家都不知所措。阿森精瘦，深邃的眼睛下有很重的黑眼圈，膚色偏黑；牙齒泛黑是長期抽菸的痕跡，尖尖的下巴，看上去很年輕。

電話響起後我一樣表明身分和來意，阿森還是顯得有些羞澀，講起中文來不如阿冀那麼流利。他告訴我，他現在在國中部的砂畫班，每天的工作就是畫畫，白天用砂，晚上則在房間用筆作畫。和他同班同宿舍的還有另外一個印尼人阿文，阿文之前請ＴＩＷＡ寄一些印尼風景的照片讓他作畫，阿森說若我寄自己的照片去，他可以為我畫一張素描像。

提到之前的案情，阿森看上去沒有阿冀那樣複雜的情緒，也許是個性使然。他平靜地告訴我，老闆常常罵人，他當時是年紀最小的，經驗不足不太會做，所以最常挨罵。「我不會看人，會害怕，會上火，當時工作才一個多月。」被罵得受不了，才和另外兩人殺了老闆，然後想把船開回印尼，把漁獲拿去賣，最後被捕。二十年的刑期，現在已經是第九年了。

阿森的母親自他小時候就過世了，父親在三年前過世，曾有個哥哥在台灣工作，似乎是做煮菜的工作，因不知自己患有糖尿病而在台灣突然離世，現在家裡只有四姊。我問阿森從前在印尼做什麼，他說在印尼打魚、蓋房子，「我不是讀書的人，都用力量工作。」

在電話被掛斷之前，阿森要我和TIWA的大家問好。

阿森是那天的最後一個梯次，看完他出來，會客大廳已經沒什麼人了，辦理登記的窗口早已降下了鐵捲門，只有零星的家屬還在監獄的小賣部採買給家人朋友的物品。我走出接見大廳，時間還沒到五點，馬路上車輛往來，一切稀鬆平常。夕陽是夕陽的模樣，雲朵是雲朵的模樣。回望北監高樓，自由和刑囚，一牆之隔，不知道夕陽和雲朵，能不能飄進阿冀和阿森的窗戶？

這高牆之內，目前總共有三十幾個印尼籍受刑人，被打散在不同的工廠工作。TIWA認識並去探視的受刑人中就有十七名是漁工，而其中十三名都是境外漁工。雖然各自的案子不同，但皆是海上喋血案。

海，是一望無際的，是美麗而廣闊的，是被賦予無限生命、無限神話、無限詩意、無限憧憬的。然而，境外漁工在離岸遠颺的那一刻，海，卻成了他們沒有高牆的牢籠。

不久後，我陸續收到阿森和阿冀的來信。

阿森手繪了一張卡片，清真寺在紫紅色晚霞的映照下，發出寶藍色的聖潔之光，卡片正上方用螢光筆金燦燦地寫著印尼文的「開齋節快樂」。卡片內文滿溢阿森的感謝和祝福，還點綴著他畫上去的美麗圖騰。

阿冀則是自己用中文寫的信，字跡是小學生那樣一筆一劃的端正用力，他說目前在創作自己的作品，內容是來台灣工作和在監獄的經歷和所見所聞。他在信末寫道：「只要還有一口呼吸在，就有無限的希望，就是最大的財富。」

此後我們便一直保持書信往來，有空閒的時間就會去北監探望他們。從每次短暫的十五分鐘會面和書信往來裡，他們的情緒、性格和生命在我面前逐漸展開。有時我覺得自己是個拿著斧頭的竊賊，用力鑿開他們封存在記憶深處的苦難，拿著「城外之人」的自由權柄，野心勃勃地想要勾勒出一幅囚城之圖。

但我最終發現，自己的雙手，捧不起那分生命的重量，而我自己也深深陷入了囹圄之城。

囚城詩人

〈我還不夠好〉

我還在由記憶盤旋
雖然很想，但我不能幫你決定
她就這樣出現在我的世界裡，帶給我驚喜不能自已
偶爾我會軟了心，想鬆了彼此的距離
因為我還不夠好

我很努力不想著她卻都失真
她的微笑總勾著我的心
讓我在白日夢之間流浪
阿拉拜託不要如此對我
我不喜歡她占據我所有的思緒
我真的不想這個愛在我的心裡
因為再深的深情容忍也不能讓她愛我

——節選自阿冀的信，寫於二〇一七年九月八日

「上天給每個人在這個世界上，給我們一雙眼睛看，一雙耳朵聽，但上天為什麼只給我們一顆心呢？你可以告訴我嗎？」

——節選自阿冀的信，寫於二〇一七年十月十二日

「沒有不會好的傷，沒有不會暗的光。所以幸福以後一定會有。像下雨過後的一

道彩虹。我在這裡也不能難過跟絕望，也不讓這些眼淚白流，我相信上天祂一定在我身邊。」

——節選自阿冀的信，寫於二〇一七年十一月六日

「飯已經變稀飯了，沒辦法了。我想這可能是我的命運，在我的世界和生活裡，這已經發生了。我只能在生活中做筆記，相信上帝的安排比人的打算更美好。以前的故事我會寫一本書，叫做《我的世界》。」

——節選自阿冀的信，寫於二〇一八年二月

阿冀喜歡寫作，二〇一五年得過勞工局文學獎，二〇一七年時也投稿過徵文比賽，題為「最好的夢想」。從二〇一三年開始，他堅持每天都寫日記，把日常生活的點滴都記錄下來。喜歡寫作的人總有一些纖細和敏感，它們隱藏在阿冀的笑容之下，有兩次去見他，他都想問我些什麼，卻都欲言又止，又似哽咽。

有天早上，ＴＩＷＡ辦公室接到一通電話，電話那頭問：「你們怎麼這麼久沒來看我？」ＴＩＷＡ的同事一頭霧水，電話那頭只講了三分鐘便掛斷了。剛好當天下午ＴＩＷＡ安排了每個月一次的公務會面，剛好那次的公務會面要見阿冀，他才笑著說是他打的電話，「大概有半年了吧！我以為你們不理我了。」

原來是中秋節快到了，受刑人不分國籍都有一次打電話的機會。平時本地受刑人一個月可以打一次電話，而外籍受刑人三個月才能打一次，電話卡一百塊一張，打國際長途很快就用完了。好不容易多出的打電話機會，阿冀沒有打回印尼家中，因為太久沒見到他在ＴＩＷＡ最初熟悉的人。我也才恍然大悟，阿冀臉上的焦慮和憂愁，是擔心和想念。

不過外籍受刑人最掛念的，還是遠方的家人。這種思念是矛盾的，愈是思念，就愈是不想去思念；愈想聽一聽家人的聲音，就愈是不敢去聽。原本只是記憶裡的某個影像，一旦聲音由話筒傳遞到耳邊，才知那是真真切切的存在。想說些什麼，又覺得說什麼都不對，而每次母親聽到他的聲音，就一直哭，電話兩頭都泣不成聲，還不如不要打電話回家。

阿冀剛服刑的時候，家裡只有二姊知道這個消息，姊姊傷心欲絕，後來心臟病突發去世。阿冀一直覺得姊姊的離開是自己的錯，而父親也在他服刑期間去世。「爸爸去世的時候心裡很難過，但不要太久，不然不好，給他祝福。」阿冀輕描淡寫地說。

阿冀其實是個把感情看很重的人，不如他表現的那麼輕描淡寫，他覺得是因為自己而害二姊心臟病過世，所以一直想把二姊的女兒當作自己的女兒。可是千里迢迢，要得到二姊女兒的電話又是幾番波折。

家裡的其他兄弟姊妹都結婚成家，四散在各地，現在家裡只剩下六十多歲的母親和六弟。阿冀對六弟又氣又擔心，因為他總是遊手好閒，也不出去工作。母親曾經遠離家鄉嫁給父親，現在為了維持生計，又回去老家的火車站附近開了間雜貨店。

阿冀已經十六年沒見到母親了。母親那麼老了，還要出去工作，因為她不希望麻煩自己的孩子們。阿冀怨恨自己，「我這個兒子，沒有用。」「希望老人家給我機會，以後來照顧。」

阿冀一年會寫兩次信回家，一次是母親節，一次是過年。但外籍受刑人很少收到家鄉的來信，因為一封信要花上約莫一百多塊台幣，在印尼算是一筆大數目。除此之外，就等著三個月一次的打電話時間，因為打電話的時間不固定，家人又不可能每天守在電話旁邊，所以有時候家裡沒接通，就又要再等三個月。這樣一來，就是半年杳無音訊。

阿冀來自印尼中爪哇省，說起以前的事，他告訴我，十八歲的某個午後，他收到高職畢業證書後，就偷偷抄近路從家裡跑出去。原本家裡想繼續供他念大學，但他想自力更生去工作，便背著父母到峇里島去工作。那時在峇里島以捕魚為生，通常都是捕魷魚。晚上工作，白天睡覺，在那裡總共工作了六年。

他說：「因為我常常在海上工作，陸上的知識和經驗才比較少。」正是因為如此，有天阿冀想返鄉回家時，認識了一個來自都市的人，那人告訴他，有門路可以出國工作，不需付仲介費，只要辦護照和船員證就行了，他馬上就心動了。

那時阿冀已經有了一個訂婚三個月的未婚妻，他想著去國外可以多賺點錢，累積到本錢回來做點生意，娶妻生子，過上安定的生活。奔著這樣的想望，阿冀沒想太多就答應了那個人，回去立刻辦好了船員證和護照，把護照和一千萬印尼盾交給那個人。對方要阿冀回去等簽證就好，期間沒有任何語言、工作或法律上的培訓。簽證下來以後，阿冀直接被帶去雅加達的一間小屋，到了屋子已經很晚，屋裡還有其他六人，其中一人便是阿森。

阿冀被告知第二天就要去搭飛機，到了機場會有人接他，跟著接他的人就好了。他以為自己要去巴拿馬，沒想到下了機場卻是香港。有兩個人在機場等他，見到他就把他帶進一輛車，車裡有很多越南和泰國人。那時候他心裡開始有些不安，但既然已抵達異國他鄉，人生地不熟，也只能聽天由命了。

車子一路抵達某個小港口，接機的兩個人便讓車上的所有人上了一艘小船，似乎是一條小型觀光船，據阿森描述，船上不僅有工人，也有遊客。大概三個小時後，他們到了海中央，工人全部被帶上另外一艘船，這艘船和其他漁船相似，但是不捕魚。第二艘船上有大概五十多人，來自各個國家，有菲律賓、印尼、越南、泰國、中國大陸等。因為船上擁擠、環境惡劣，大家根本沒有好好睡覺的地方，只能自己在船上找到安身立命的一小點空間，阿冀說自己都睡在放魚的地方。每天中午可以吃一頓有米飯的正餐，早晚就只有各兩碗泡麵。

「沒有人關心我們，我們是誰啊。」我問了個很蠢的問題，阿冀似笑非笑地回答我。

沒人告訴阿冀接下來會去哪裡，會做什麼工作，遇到什麼樣的老闆。他只能從船上的其他人那裡獲得一些支離破碎的消息。阿冀稱這艘船為「收容船」，這艘船會一直停在海上，如果沒油了，會有其他船來補給，所以這艘船不著陸，有點像是海上的人力供給中心。船長應該是香港人，大概每兩個月船長會回去休息，船上的境外漁工就會被帶去另外一艘船上，或船主其他朋友的船，但工人們不能上岸，仍舊停泊在海上。

漁工們的工作狀態是，如果有其他船隻需要漁工，便來這裡接人，直到沒有捕魚需求了，工人便又會被載回來待命，因此他們工作的漁船都是不固定的。但一般情況下，時間以三個月為單位，工人上了需要漁工的船，三個月後再回到收容船，接下來有工作需求，就去原來的船或其他需要漁工的船隻。阿冀聽其他人說，如果遇到好的老闆，可以上岸，但必須躲在最下面，不能讓海巡署發現。

大概一個禮拜後，阿冀和阿森，包括其他四個同公司的印尼人被帶上了一艘遠洋漁船。船上只有三個人，一個船長，兩名印尼工人。其中一人便是卡力，整艘船最資深的漁工。船上的兩個印尼人告訴他們，要去美國港口工作，在那邊做三個月後，會再回到收容船。如果這艘船還需要出去捕魚，就再回去收容船找他們，這樣可以一直做三年。但是如果船要靠近港口，他們所有人就要躲進機房，因為那裡是最安全的地方，海巡署不會發現。既然有工作機會，阿冀一行人就上了船，天意難卻。

其實每次問到他以前的事，阿冀都是抗拒的。有一次他問我：「你為什麼要一直問我以前的事呢？寫這個有什麼用？一切都過去了，不想再回憶了。」那次會面結束後，阿冀低著頭默默離開了座位，我對他揮手再見，他對我淡淡笑著，便頭也不回地朝鐵門走去。幾天後，我收到他的來信：

你知不知道，每次說到以前的事情，我心裡就不太舒服，我是想過去的事情就讓它過去吧！不過，如果你想知道我以前的事情，我都願意告訴你，只要你開心，因為我想讓你開心。看見你關心我，就覺得很幸福。所以你想問什麼，就寫信給我。

——節選自阿冀的信，寫於二〇一八年五月三十日

收到這封信就好像得到了通行證，我遂以短刀換斧，繼續一寸一寸挖開阿冀埋葬九年的回憶，想一探遠洋漁船上的景象，也想窺探天意的真相。

阿冀他們上的漁船不大，所以睡覺的地方也十分狹小。八個工人睡在兩間船艙，進去都要用爬的，坐下來就已經頂到頭了。床上也睡不下四個人，所以有一個人必須睡在地板上。用阿冀的話形容，是「睡覺都不能睡，亂七八糟的」。

其實有得睡已經是萬幸，上船後隔天就開始工作，一天工作二十多個小時，除掉吃飯的時間，每天只能睡一、兩個小時。除非有時船去遠一點的地方，他們才能多睡一點。在船上主要抓鮪魚、旗魚、鯊魚等，什麼魚多，便捕什麼魚類。

工作辛苦，睡眠不足，每天只能吃兩餐飯，還時常要被船長打罵。阿冀說船長總是生氣，在他眼裡，他們的工作都是一直錯的。「我在那艘船工作，好運還沒來，因為老闆沒有把我當作一個工人，而是當作一個奴隸。」

工人們做任何事情好像都不對，總會被找麻煩，大家都很生氣，但也都一直忍耐著。也不知哪天卡力起意，把老闆殺掉，把船開回去印尼，把漁獲賣了，自己當老闆。也許有人當真了，有人只當是玩笑，但作為新進漁工的阿冀覺得，如果沒有聽卡力的，他們也會被殺掉。因為卡力在船上很久了，每樣工作都會做，又是年紀最長的，以前在印尼還當過船長。面對高壓工作、威權同鄉、無處可逃的大海，阿冀的心亂了。二〇〇八年八月二十日，在數週的討論之後，決定命運的「機會」終於來了。那時正值阿冀和阿森換班，其他人在船艙內睡覺，交接工作之際，船長在左舷處小解，卡力就催促兩人盡快動手。

殺人的細節我沒敢問阿冀，判決書上是這麼寫的：「先由阿冀上前，以徒手舉起船長左腳、推移船長腰際之方式，破壞船長重心使之向船外傾倒，後由阿森將船長右腳抬起，終致船長失衡落海。」

「那是我的手第一次殺人，希望這是第一次和最後一次。在那邊工作一個半月而已。如果有一個船長，對我們是好心的話，我當然是很高興做他的工作。如果那個工人做錯，你不要一直罵，何況都用暴力的行為來對待。你可以給我方向，對的工作要怎麼做，那個方式才是工人和船長可以好好合作的方式。我沒有看過台灣這裡的生活，我沒辦法和你說在陸地上工作的經驗。但是陸地上和海上真的是差別很大，因為在海上工作時，是沒有時間的。」

——節選自阿冀的信，寫於二〇一八年二月

船長被推入大海後，卡力便指揮其他人加工處理漁獲，並開著船往印尼方向逃。後經帛琉海域時被當地海巡攔截，接著八名漁工被帶到帛琉關押，等待移送台灣檢方。

直到入了監獄大門，他們也沒領到過薪水。阿冀說自己以前太笨了，仲介公司告訴他們三年後回家時可以拿錢，但他連仲介的名字和地址都不知道，就算工作順利，回去印尼時也不知道會不會有人接他。

剛進入監獄時，身無分文，只有一個曾經盼望過的數字：一個月九千台幣的工資。盼望著出國，盼望著回印尼做生意，盼望著和心愛的人結婚。知道自己的刑期後，他寫信給未婚妻，叫她不要等他了。

阿冀對幸福、愛情和婚姻有著很純粹的追求。他說愛情就是「你愛我，我愛你」，沒結婚以前不可以亂來，結婚後就不能分開，因為不懂愛的人才會分開，真的懂得愛，不管再困難，都要在一起。

他說過，「一百的路，拿到幸福。」我不太懂這句話的意思，但我猜，這是他總是在思考的問題，關於人在這世界上如何才能得到幸福。

我們希望以後的自己
我知道，每個人都有潛在的能力
把一切去征服
所以，我們不需自怨自艾地惶恐
以後我們的路？
我自問在我們的心
我們希望以後的自己
像一道彩虹
還是剛淋過的雨
那個全部只有自己下定決心
一直在原地哪兒也不去
誰可以勇敢地奔向新世界
用一口氣交換我們的一生
總有一天我們可以拿到幸福
因為　成功的祕訣在我們肯不肯

——節選自阿冀的信，寫於二〇一七年十一月六日

囚城畫家

監獄生活規律而無聊，舍房沒有時鐘，也不需要時鐘。依著時間表，不用思考太多，吃飯、睡覺、工作、點名、開封、收封。外籍受刑人除了想家，便是扳著手指頭數著假釋的時間。監獄每天都會根據表現打成績，分數滿四十三分、刑期過半，就可以開始報假釋了，但能不能過還得憑運氣。沒成功的話，四個月後再報一次，如此往復，總是個盼望。

阿森每天六點半起床，刷牙，點名，吃早餐。早餐一般是稀飯配醬菜，或是饅頭配豆漿，從舍房下面的洞口送進來。八點吃完早餐，阿森進國中部砂畫班，他之前在監獄工廠做紙袋，大概三年前考入學生隊作砂畫。

阿森在印尼從沒學過畫畫，畫圖是四、五年前從零開始學起的，在那之前都沒拿起畫筆作過畫，自從進了砂畫班，阿森幾乎每天都在畫畫。他說砂畫真的很美，用湯匙輕拍作成的畫，需要一個多月才能完成，用膠的話快一些，但也要一、兩個禮拜。

十一點半在班裡吃午餐，一點半繼續工作。砂畫教室空間很大，有時候畫累了，他可以在裡面運動，做做伏地挺身。每週四下午可以外出運動，阿森最喜歡的運動是打羽毛球。三點四十五分下班，大家分組在工廠洗澡，只有在週六、日才在房間裡洗，因為房內洗澡不方便，要用水桶舀水往身上澆，擁擠的舍房裡沒有半點隱私。遇到冬天的話，假日就乾脆不洗澡，因為房間裡只有冷水。

四點半是晚餐時間，照樣從舍房下面的洞口送食物進來。如果舍房內有人被會客，那大家晚上就可以加菜，吃到來自外面的東西。有一次ＴＩＷＡ去會客，帶了印尼菜去，阿森看到了直呼「讚」，食物最解思鄉愁。

吃完晚餐就幾乎沒什麼事做了，阿森因為是學生隊的，所以可以住在四人房。有的房間有時最多可以塞到十八人，甚至更多。阿森在房間裡無事可做的時候便畫畫，白天用砂，晚上則在舍房用鉛筆作畫。有一次他請我寄相片給他，說要幫我畫張素描，收到的時候全ＴＩＷＡ的人都驚呼和照片一模一樣。那是他晚上在舍房就著微弱的燈光，一天畫一點，趴在地上畫了兩個禮拜的成果。

晚上在舍房的時間很無聊，阿森除了畫畫，就是看書，或者看電視。監獄內可以買掌上型電視，到了三級之後可以買，一台台幣三千四。這對外籍受刑人來說是一筆大數目，他們每個月在工廠工作只能拿到二到三百元的工資。阿森在砂畫班更少，只有在畫作賣出去的時候才有錢拿，一個月只能賺五十到八十塊，賣不出畫作的時候就一分錢也沒有。

不過哪裡有人，哪裡就是個小社會，社會有社會的生存法則，監獄也不例外。在監獄裡，三餐之外的任何東西都需要自己花錢買，像阿冀、阿森，或「和順才」的這些境外漁工受刑人，到了監獄身上沒有半毛錢，處境十分艱難，連衛生紙都買不起。不過，獄中也有人有錢又不想做事，於是有錢的就出錢買方便，外籍受刑人幫忙洗碗，一個禮拜可以賺三百塊，洗衣服一個月賺八百塊，有時候衣服是三個人輪流洗。除此之外，也會幫忙鋪床疊被，或幫老一點的受刑人洗澡等來獲得一些物資。

在裡面不能現金交易，只能幫忙在裡面買東西，也只有這樣，外籍受刑人的衛生紙、沐浴乳、洗衣粉、牙刷牙膏等生活必需品才得以負擔，還有很重要的，用來緩解寂寞、麻痺苦悶的香菸。在裡面抽菸要領菸牌，蹲在舍房裡上廁所的地方抽，有時候一根菸抽一半先熄滅，剩下半根下次抽。所以掌上型電視簡直是奢侈品，買不起電視的外籍受刑人只好和其他人湊著看。

也不是每次都有忙可以幫，若有台灣人離開或是去了別的地方，就沒東西可以買了。阿森都笑著說：「我還年輕，可以頂下來。」不過有一次他支支吾吾跟我開口，說想請我幫他買枕頭，他的枕頭睡了九年，都已經變硬了。

九點是熄燈時間，在那之前大家要把自己的床鋪鋪好。按照監獄規定，睡覺的標配是一顆枕頭，一條被子鋪地，一條毯子蓋身。每個人的睡覺空間只有四十五公分，所以如果住到十八人房的受刑人，晚上睡覺連路也不能走。房裡冬涼夏暖，阿森說夏天舍房裡只有電扇，吹到身上的風都是熱的，而冬天的時候很冷，因為大家都理平頭，晚上要戴著帽子才能睡，好在人擠著人，全當彼此取暖了。

熄燈之後，長夜漫漫。監獄裡的日子每天都一樣，沒什麼好琢磨，所以腦子裡想的淨是從前的事。關於外面的事情，一有風吹草動，都會想到好多天睡不著覺。有次阿森說好久沒有家裡的回信了，擔心得很，細問之下才知道，他說的好久是一年了。他有打電話回家，但每次都沒人接，阿森希望我們幫忙打電話回去給姊姊，之前只知道姊姊在市場賣衣服，好久沒和她說上話了。有時候阿森也會幻想以後回去印尼要做什麼，也許當導遊，也許做點小生意，但誰說得準呢？什麼都是會變的。

有時半夜醒來，就開始胡思亂想。阿森每次想到小時候的事，都還是感到傷心。阿森的父親是漁工，母親是家庭主婦，在他記憶裡，媽媽總是在廚房洗著孩子們的衣服。對母親的記憶大概也僅止於此，其他多是母親生病時的痛苦記憶，因為母親得了咽喉癌。阿森記得有一天晚上，爸爸出海，家裡只有他和媽媽在家裡睡覺，約莫十點，媽媽突然聲嘶力竭地吼叫起來，可能是因為咽喉太痛了。阿森嚇傻了，完全不知道如何是好，趕緊起身去找在隔壁鄰居家念《可蘭經》的姊姊。

「怎麼了？」姊姊問他。

「媽媽在家裡一個人，一直叫，很痛。」阿森著急得說。

「媽媽剛才吃了什麼？」

「沒有吃什麼。」

兩人立刻跑回家，到了家以後，幸虧媽媽已經有人陪了。是住在隔壁的親戚，聽到阿森母親的喊叫聲，才跑去她家看望。阿森很感激有人陪著他媽媽，親戚和姊姊趕緊將母親送去醫院。阿森也想陪著媽媽，但姊姊說，你明天還要去讀書，先睡覺。

第二天早上母親從醫院回來，阿森看到媽媽面容蒼白而憔悴，心裡想著一定是因為一整晚沒吃飯吧，洗完澡就立刻出門買粥回來給媽媽當早餐。粥買回來以後，媽媽很開心，要他趕緊穿上制服去學校。

「我今天不想去學校。」阿森說。

「為什麼呀？」媽媽用生病的聲音問。

「我想在家陪媽媽，可以嗎？」阿森向媽媽撒嬌。

媽媽說：「不行，你一定要去上學。」

阿森想到媽媽曾經和他說：「我們本來就不是有錢人家的孩子，我們窮錢，但我們不要窮知識。」想到這句話，阿森就趕緊換好衣服去上學。

十歲那年，母親還是過世了，這些話直到現在還是常常出現在阿森的腦袋裡。每次阿森覺得自己懶惰了，媽媽的話就會縈繞在耳邊。

父親和哥哥也都相繼在他服刑期間過世，二〇一三年離世，他到了二〇一四年才知道。也許是姊姊不想要他太難過，也許是信件漂洋過海，來得太遲。阿森知道後難過得想自殺，主管通融給他打電話回家，安慰他「要忍耐」。

「忍耐」這兩個字，我常從外籍受刑人的信中看到，無論是阿森、阿冀或是亞諾。也許唯有忍耐，才有重獲自由的希望。

「每晚都會想家。」說到想家，阿森就會露出孩子一樣的表情，也才二十九歲而已。出事的時候才二十歲。阿森並不避諱和我聊案情，性格相對爽朗一些。他說，你想知道什麼，就問吧。

阿森來自位於西爪哇和中爪哇交界處的一個港口城市，靠近大海。他有時會想起家鄉的那片白色沙灘，那裡民風淳樸，但是就業機會少，薪資又低。雖然從小就很努力念書，但因為家境貧窮，國中一年級便退學了。十四歲開始為了生計外出謀生，做的都是一些勞力工作。

十五歲第一次跟著朋友出海捕魚，頭幾次還沒習慣海上風浪，在船上一直吐，但他告訴自己，為了生活要努力，不能投降，便繼續跟著出海。有一天，他和其他三個朋友六點出海，晚上九點多引擎突然壞掉，幾個人都沒有修理經驗，揮手向其他漁船求救，也都沒人搭理。

晚上天氣很差，不久後突然颳起了龍捲風，四個人害怕極了，只能禱告，祈求平安。所幸風沒有颳到他們的船，等風雨漸漸小了，他們又開始摸索著修理引擎，好不容易才讓引擎啟動，雖然還是有點不正常，但總算是能用。那時四人都已經很累了，便躺下睡覺，也不知過了多久，阿森聽到「嘟嘟嘟」的鳴叫聲，他嚇了一跳，張開眼睛發現後面有條大貨船。如果被大貨船撞到，他們的小漁船一定粉身碎骨，阿森趕緊跑去方向盤那讓船急轉彎，並叫醒同伴，一起把船駛離大貨船。

第二天白天醒來，天氣變得非常好，他們便繼續工作，撒網抓鮪魚，因為鮪魚好吃而且賣得出好價格。直到第四天乾糧吃完了，四人才決定回去，可惜後來賣掉的漁獲也沒有回本，但阿森覺得他至少學到了經驗。「因為去海上需要勇氣跟經驗，這是我的經驗，我到現在還記得。」

阿森十七歲時上了小型魷魚船捕魚，當時的月薪是一個月六十萬印尼盾，折合台幣大概兩千塊。直到十九歲換去鋪馬路，薪水好一些，一天就能賺五萬印尼盾。在印尼的高溫下鋪馬路，實在很辛苦，但為了多賺點錢，阿森幾乎都不敢休息。後來經朋友介紹，說有門路去台灣捕魚，不用收取仲介費，還可以賺很多錢，為了讓家人的生活有所改善，阿森便踏上了和阿冀一樣的旅途。

原以為只要認真努力地工作就能順利，沒想到我的這個選擇竟是噩夢的開始。上船後的隔天就開始工作，一天工作二十個小時，剩下四個小時，包括吃飯、睡覺。很累，也曾因為睡眠不足，工作到一半就出現了精神恍惚的情況。但我告訴自己要咬緊牙根忍耐下去。這樣的日子過了將近兩個月，結果因長期的勞累造成工作速度較慢，再加上漁獲量不如老闆的期待，所以老闆就經常發脾氣。又因我年紀最小，氣總是出在我身上。當時的我真的不知道該怎麼辦，勞累再加上經常的打罵，讓我瀕臨崩潰邊緣。」

——節選自阿森的信，寫於二〇一八年一月一日

這封信是由阿森的同學代筆，因為他不像阿冀會自己寫中文。幫忙代筆的同學在信中提到：「整個故事的內容、描述的過程較為有限，也很簡短，但這確實是他十多年來的人生。他在說這些故事的過程中，偶爾會感受到他對於人生的無奈和當時的恐

懼。」

台幣九千元，這是阿森作為境外漁工在遠洋漁船上的月薪。當然，他也從未見過新台幣的樣子。

在海上工作時，阿森說他不曾有過快樂的時刻，因為一直挨罵，「心情不好，人便覺得沒有力量。」而且船上很冷，洗澡時卻只能用海水，連刷牙、洗臉也都用海水。因為漁船三個月才靠岸一次，怕淡水不夠用，要省著用。有一次海上風浪很大，阿森在甲板上洗衣服，差一點跌倒，掉進海裡的話就很難救回來了。

TIWA探視的其中一位資深境外漁工受刑人提過，曾經有同船的漁工被網子鉤落海，另一名漁工立刻套上救生圈下去救他，兩人就在海浪中消失了。漁船把探照燈打開，四處在海上尋找，最終才找到那兩個人。還有一次風浪很大，船搖晃得厲害，一名船員跌出漁船，又被尖銳物刺穿身體，當下身亡，因為無法立刻歸岸，大家便把他的屍體放進冰櫃。更誇張的一次是，海浪非常大，於是老闆就讓他們進船休息，但他看到另一艘船上的漁工還在工作，結果船上八個緬甸人全部掉進海裡。

漁船上的三名涉案人被捕後，先是被收押在屏東九個月，後來上訴到高雄八個月，最後在二〇一〇年來到台北監獄。到北監後，因為語言不通，大家的處境都很困難。阿森還是透過一位印尼牧師的幫忙，才寫信回家聯絡上家人。阿森說剛進監獄的時候，「就像啞巴一樣，什麼都只能用比的。」實在悶得慌的時候就念《可蘭經》，跟神對話。

監獄生活什麼都需要寫申請，不會講中文，連生病都難以描述，偶爾會有中文較好的外籍受刑人幫忙翻譯，但大部分時間都要靠自己慢慢學習。學習這裡的語言，學習這裡的規矩，學習這裡待人處事的方法。

阿森在砂畫班有個師傅教大家畫畫，也和阿森同房，五十多歲了，無期徒刑，而且右手中風。阿森剛和我通信時，都是這位師傅幫忙代筆，信中阿森說師傅對自己很好，就像一家人。有次師傅幫阿森在信中寫道：「上了船之後，我才知所謂的，非人的生活。之後我犯下大錯，也讓家人失望了。過去那一幕幕不堪回首的海上生活，都已經過去了，如今的我只知道不斷充實自己。」

阿森的確沒有浪費在監獄裡的生活，他現在除了學會畫畫、講中文和台語外，還學習了英文。有一次我去探望他，他說自己能寫能看，但是口說不行，因為沒人練習。我就提議，那以後我們寫信就用英文吧，你既能練習寫英文，又不需要再麻煩你師傅幫你寫信。後來我便開始收到阿森的英文來信，但都極其簡短，我去看望他時故作抱怨，說你現在給我寫信都偷懶，阿森才不好意思地說：「不是啦，我英文沒那麼好，寫之前都要先打草稿，還要查字典。」

約莫二〇一八年三月開始，阿森突然和我說，和師傅的關係變得不好了。他說監獄就是這樣，和別人的關係都是時近時遠的，有些明明是小事，但想著想著，就變成大事了。我想起曾經探望的另一名外籍受刑人阿達，他同房的獄友出來後聯絡我，說在獄中阿達十分照顧他，常在寂寥的夜晚談心，以後要常和我去探望他，給他經濟上的幫助。但後來卻一次也沒去探過。

人與人的關係總是瞬息萬變，真情和假意就像舍房裡不流動的空氣，混合在一起形成一種複雜的氣味。有些感情，也許原本就是虛妄的，而有些感情，在當下是真誠的，但自由與高牆，畢竟隔著廣闊的天地，從台北到桃園的路都那麼遠，又何況人心和人心之間的距離呢？

其實外籍受刑人在監獄內難免被欺負，而且監獄這個小社會也充滿了不對等的權力關係。阿森不願意惹麻煩，每次講這些都只是點到為止，但有一次實在太委屈，就一股腦和我說了全部的事情。

那些由師傅代筆的信並非如信中描述，所有人其樂融融像是一家人。也許是年紀大了又有病痛，阿森的師傅總是陰晴不定。但也因為他是老人家了，又是砂畫班的老師傅，所以阿森和同宿舍的阿文都會幫忙他洗澡、洗碗等。師傅嘴上謝謝他們，說會幫他們買東西，但卻從來都沒兌現過，一說就說了四年。同一個舍房內的生活日用品，例如洗衣粉、毛巾、牙膏、沐浴乳之類的，一般都是大家一起用，輪流買，但師傅從來不買，都用阿森他們的。阿森因為沒錢，就需要更勤奮地幫別人洗衣服、洗碗來換取生活用品。

要怎麼說這種事情呢？阿森照顧他，也不全是為了買東西，但師傅卻總是光說不做。這也就算了，師傅心情不好的時候還會罵他們，有一次阿森站在砂畫班門口看外面的人運動，師傅就藉機說他偷懶不做事，兩個人差點起了衝突。阿森很無奈，「沒辦法，他們是台灣人，我是外籍。不想吵架，不然變打架，本來八月可以報假釋，到時又多一年，就沒辦法回家了。」

阿森和同鄉阿文都受不了這位師傅了，覺得心裡很苦。

「不是我們不喜歡他，是他不喜歡我們，他看我們不起，因為我們是外國人，他只是利用我們而已。」說完，十五分鐘的探視也結束了，阿森舒了口氣，說講出來心裡舒服多了，「這件事我們TIWA知道就好了，在裡面不能亂講話。」

我注意到他用了「我們」這個詞。

「我們」是個普通又極富深意的詞，我們是我和阿森，是我和TIWA，是TIWA和這裡的外籍受刑人。我們都是台北這座城市裡的異鄉人，我們是廠工，我們是看護工，我們是漁工。我們遷徙，我們流浪，我們想在這座城裡生根發芽，卻如雲邊孤雁，水上浮萍。

我們心懷想望，體制卻殺人如麻。我們與生活搏鬥，命運卻定數難逃。

我們是機器，我們是奴隸，我們是待宰的羔羊。我們是跨國資本流動下被碾壓而過的螻蟻。我們連結，我們抗爭，我們是鮮規之獸。

●

今年六月十五日，我再次去北監探視，那天是開齋節，是穆斯林的新年。

見到阿冀時，他說有一點難過，因為過年他特別想陪伴在家人身邊，十六年沒回家了。為了分散他難過的心情，我開他玩笑，說你犯了什麼錯，為什麼阿森都一級了，你還是二級。

阿冀不好意思地告訴我，以前自己太笨，在房間也不說話，舍房的老人家看他一個人很孤獨，就讓他和自己讀大學的女兒寫信做筆友，聊聊天。可他不知道在監獄不能寫信給同學的家人，因此被換了工廠，還扣了分。

我說：「好啦，反正也不是每天都有人來看你，沒差啦，八月就可以報假釋回家了。」

阿冀反駁，「以前有朋友從裡面出去，會來看我。後來就沒來了，是老人家，六十多歲了，可能去世了吧。」

「回家要不要結婚？」

「沒有錢結婚啦，我要先工作兩年。」

電話掛斷後，我一樣揮著手目送他離去，他也知道我即將畢業回家，見一次，便少一次。

見到阿森時，他則精神百倍，他說昨晚還在舍房開了小小的「派對」慶祝，買了東西大家一起吃。我看他滿頭大汗，問他很熱嗎？他說正在練習羽毛球，很快就要和工廠的其他人比賽了。我問他多久沒見到阿冀了，他說不同工廠好幾年才有機會見一次，我說阿冀現在因為近視戴了眼鏡哦，阿森壞笑著說：「他沒有眼睛不好，戴帥而已啦。」

「那卡力呢，你有見過他嗎？」我問。

「之前在工廠的時候和他一起，以前他講話很兇，現在他很可憐。」

「他是主謀，你不怪他哦？」

阿森說：「現在想想不討厭啦，回去誰看他啊，以後我回印尼賺錢寄給他。」

六月十七日是阿森的生日，我說提前祝你生日快樂，等下在外面的小賣部給你買生日蛋糕。「長大都沒人給我過生日，你是第一個。」阿森笑得特別開心，「你不要買生日蛋糕啦，那個太甜了，買另一種。」

「好啦，知道了啦，那你羽毛球比賽要得第一名哦。」

「那怎麼說得準，但第一名有獎勵，我和阿文都在努力練習。」

每一次從北監離開，我的心情都很複雜，至今我還是無法釐清這種情緒，我猜是某種我還無力承擔的生命之重。

那條我熟悉不過的路線，搭公車回桃園，再從桃園回台北。我想起有一次，在火車站月台看到五個疊起來的紙箱，裡面發出「吱吱喳喳」的聲音。紙箱上有小洞，我湊近去看，才發現裡面是滿箱的小雛雞。紙箱上的洞很小，小雛雞出不來，就連掙扎著露出喙都很困難，只能被同伴擠壓著，露出一點黑黃的絨毛。

囹圄城中城，生命的牢籠。

【新書座談會】

奴工島

一名蘇州女生在台的東南亞移工觀察筆記

2018 / 11 / 10（六）

主講人｜姜雯（本書作者）

與談人｜林立青（作家）

時　間｜下午3：00

地　點｜TABF Bookstore

（台北市中正區羅斯福路三段62號）

洽詢電話：(02)2749-4988

＊免費入場，座位有限

國家圖書館預行編目資料

奴工島——一名蘇州女生在台的東南亞移工觀察筆記 / 姜雯著 -- 初版. -- 臺北市 : 寶瓶文化, 2018.10
面 ; 公分. -- (Vision ; 166)
ISBN 978-986-406-137-2(平裝)

1.外籍勞工 2.人權

556.56 107018323

Vision 166

奴工島——一名蘇州女生在台的東南亞移工觀察筆記

作者/姜雯

發行人/張寶琴
社長兼總編輯/朱亞君
副總編輯/張純玲
資深編輯/丁慧瑋
編輯/林婕伃・周美珊
美術主編/林慧雯
校對/林婕伃・陳佩伶・劉素芬・姜雯
業務經理/黃秀美　企劃專員/林歆婕
財務主任/歐素琪　業務專員/林裕翔
出版者/寶瓶文化事業股份有限公司
地址/台北市110信義區基隆路一段180號8樓
電話/(02)27494988　傳真/(02)27495072
郵政劃撥/19446403　寶瓶文化事業股份有限公司
印刷廠/世和印製企業有限公司
總經銷/大和書報圖書股份有限公司　電話/(02)89902588
地址/新北市五股工業區五工五路2號　傳真/(02)22997900
E-mail/aquarius@udngroup.com

法律顧問/理律法律事務所陳長文律師、蔣大中律師
如有破損或裝訂錯誤,請寄回本公司更換
著作完成日期/二〇一八年六月
初版二刷日期/二〇一八年十月二十四日

ISBN/978-986-406-137-2
定價/三二〇元

愛書人卡

感謝您熱心的為我們填寫，
對您的意見，我們會認真的加以參考，
希望寶瓶文化推出的每一本書，都能得到您的肯定與永遠的支持。

系列：Vision 166　書名：奴工島——一名蘇州女生在台的東南亞移工觀察筆記

1. 姓名：＿＿＿＿＿＿＿＿＿＿　性別：□男　□女
2. 生日：＿＿＿年＿＿＿月＿＿＿日
3. 教育程度：□大學以上　□大學　□專科　□高中、高職　□高中職以下
4. 職業：＿＿＿＿＿＿＿＿＿
5. 聯絡地址：＿＿＿＿＿＿＿＿＿＿＿＿＿＿＿＿＿＿＿＿＿＿＿＿＿＿＿＿＿
   聯絡電話：＿＿＿＿＿＿＿＿＿＿　手機：＿＿＿＿＿＿＿＿＿＿
6. E-mail信箱：＿＿＿＿＿＿＿＿＿＿＿＿＿＿＿＿＿＿＿＿＿
   □同意　□不同意　免費獲得寶瓶文化叢書訊息
7. 購買日期：＿＿＿ 年 ＿＿＿ 月 ＿＿＿日
8. 您得知本書的管道：□報紙／雜誌　□電視／電台　□親友介紹　□逛書店　□網路
   □傳單／海報　□廣告　□其他
9. 您在哪裡買到本書：□書店，店名＿＿＿＿＿＿　□劃撥　□現場活動　□贈書
   □網路購書，網站名稱：＿＿＿＿＿＿＿＿　□其他＿＿＿＿＿＿
10. 對本書的建議：（請填代號　1. 滿意　2. 尚可　3. 再改進，請提供意見）
   內容：＿＿＿＿＿＿＿＿＿＿＿＿＿＿＿＿
   封面：＿＿＿＿＿＿＿＿＿＿＿＿＿＿＿＿
   編排：＿＿＿＿＿＿＿＿＿＿＿＿＿＿＿＿
   其他：＿＿＿＿＿＿＿＿＿＿＿＿＿＿＿＿
   綜合意見：＿＿＿＿＿＿＿＿＿＿＿＿＿＿＿＿＿＿＿＿＿＿＿＿＿＿＿＿＿＿＿＿＿＿＿
11. 希望我們未來出版哪一類的書籍：＿＿＿＿＿＿＿＿＿＿＿＿＿＿＿＿＿＿＿＿＿

讓文字與書寫的聲音大鳴大放

寶瓶文化事業股份有限公司

（請沿此虛線剪下）

廣 告 回 函	
北區郵政管理局登記	
證北台字15345號	
免貼郵票	

寶瓶文化事業股份有限公司 收

110台北市信義區基隆路一段180號8樓

8F,180 KEELUNG RD.,SEC.1,

TAIPEI.(110)TAIWAN R.O.C.

（請沿虛線對折後寄回，或傳真至02-27495072。謝謝）

AQUARIUS

AQUARIUS

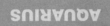